भूमिका

पिछले लगभग पंद्रह वर्षों से गजानन माधव मुक्तिबोध का समकालीन हिंदी संसार में इतना आतंक है कि यह बात भुला-सी दी गई है कि अपने जीवनकाल में उनका एक भी कविता-संग्रह प्रकाशित नहीं हो पाया था। उनकी मृत्यु 1964 में लंबी बीमारी के बाद हुई और तब उनकी उमर कुल 47 वर्ष की होनेवाली थी। अभी चार वर्ष पहले उनका समूचा साहित्य 'मुक्तिबोध रचनावली' के रूप में छह खंडों में प्रकाशित हुआ है। मुख्य रूप से कवि होने के बावजूद उन्होंने आलोचना, कहानियाँ और उपन्यास भी लिखे हैं। हिंदी में इस समय ऐसा माहौल है कि बहुत सारे लेखकों की कीर्ति उनके कृतित्व के आधार पर नहीं, उनकी सामाजिक या संगठनात्मक सक्रियता के कारण बनती या बनी रह पाती है। मुक्तिबोध की मरणोत्तर कीर्ति इस माहौल के बावजूद विकसित हुई है और आज भी गंभीर चर्चा और विवाद के केंद्र में है। कोई भी जिम्मेदार पाठक या समकालीन आलोचक उनसे संबंध बनाए बिना अपनी प्रामाणिकता जैसे सिद्ध ही नहीं कर सकता। हिंदी के इतिहास में किसी लेखक द्वारा ऐसी केंद्रीयता पाने के उदाहरण बिरले हैं।

मुक्तिबोध एक कठिन समय के कठिन कवि हैं। उन्होंने अपने सच को कठिन वैचारिक और भावात्मक संघर्ष से पाया और कविता में चरितार्थ किया। ऐसे समय में जब उनके अधिकतर समकालीन छोटी कविताएँ लिखकर 'खंड खंड सर्जनात्मकता' का प्रमाण दे रहे थे, मुक्तिबोध ने प्रायः लंबी कविताएँ लिखने का जोखिम उठाया। अपने युग के लिए समग्र दृष्टि विन्यस्त करने का यह प्रयत्न बहुत जटिल था। अनुभव या विचार दोनों ही स्तरों पर मुक्तिबोध लगातार सरलीकरण के विरुद्ध रहे, क्योंकि वे जानते थे कि सत्य का सरलीकरण संभव नहीं है। उसे उसकी निजता से आगे ले जाकर सामान्य बनाना, उसका सामान्यीकरण करना जरूर अपेक्षित है,

लेकिन ऐसी जटिलता और आज के आदमी के वैचारिक ऊहापोह का अतिक्रमण करना सही नहीं होगा। इस अविचल निष्ठा के ही कारण मुक्तिबोध आजीवन कविता में 'यहाँ' और 'वहाँ', 'अंदर' और 'बाहर' के विभाजन को अमान्य कर ऐसा सृजन करते रहे, जो मनुष्य के संसार की जटिल समग्रता पर एकाग्र है। उनका संसार हमारा जाना-पहचाना रोजमर्रा का संसार है, जिसमें मनुष्यता का गहरा संघर्ष अनेक स्तरों पर बराबर चलता है। यह वही संसार है जिसकी प्राणवत्ता, संघर्षशीलता और परिवर्तन की इच्छा पर आज सबसे अधिक हमले हो रहे हैं। मुक्तिबोध इस अक्सर खुरदरे और रसहीन लगते संसार की बहुलता और विविधता के, मनुष्य की अपराजेयता के पक्षधर एक जुझारू कवि हैं।

मुक्तिबोध की कविताओं का स्थापत्य स्थिर और सुपरिभाषित नहीं है। एक अर्थ में उनकी कविता का कोई पूर्वज नहीं है। उन्हें उस समय हिंदी में जो मॉडेल सुलभ थे, उनसे उनका काम नहीं चल सकता था। इसलिए उन्होंने कष्टपूर्वक एक बिलकुल नया स्थापत्य अपने लिए गढ़ा। उनकी कविताएँ सोचती-विचारती कविताएँ हैं। अक्सर विचारवान् कवि भी अपनी कविता में नहीं, उससे बाहर सोचता है। यों मुक्तिबोध एक प्रखर बुद्धिजीवी थे। लेकिन महत्त्वपूर्ण यह है कि उन्होंने अपनी दार्शनिक चिंताओं को सृजन की चिंताओं में अंतर्गुम्फित किया। उनकी कविताओं का खुरदरा शिल्प इसका गवाह है। उनकी कविता प्रायः प्रक्रिया भी है और उसका प्रतिफल भी। कई बार ऐसा लग सकता है कि मुक्तिबोध कविता से बहुत सारे काम एक साथ लेना चाहते थे। उनकी कविता में अक्सर कथात्मकता भी है। बल्कि जिस तरह का सामाजिक दस्तावेज और नैतिक अन्वेषण मुक्तिबोध कविता को बनाना चाहते थे उसके लिए उनकी कल्पना का औपन्यासिक या महाकाव्यात्मक होना अनिवार्य ही था। मुक्तिबोध का नायक साधारण व्यक्ति है, बल्कि महानायकों के उत्थानपतन के युग में पराजित न होनेवाला, हिम्मत न हारनेवाला, दुनिया को बेहतर बनाने की इच्छा रखने और लगातार संघर्ष करनेवाला प्रतिनायक। नायकों की चिकनी-चुपड़ी सुसंगठित व्यवस्था का प्रतिरोध करनेवाली खुरदरी धूसर अराजक कविता का प्रतिनायक। पर यह प्रतिनायक व्यक्तित्वहीन इकाई नहीं है। मुक्तिबोध की कविता में दृढ़ व्यक्तित्व है, पर अपनी सामाजिक जिम्मेदारी समझने, दूसरों से खुलकर मिलने और उनके साथ मिलकर संघर्ष करनेवाला व्यक्तित्व। उसके

गजानन माधव मुक्तिबोध

आपका जन्म 13 नवम्बर, 1917 को श्योपुर, ग्वालियर, मध्य प्रदेश में हुआ। आपने नागपुर विश्वविद्यालय से हिन्दी से एम.ए. तक की पढ़ाई की।

आजीविका के लिए 20 वर्ष की उम्र से बड़नगर मिडिल स्कूल में मास्टरी आरम्भ करके दौलतगंज (उज्जैन), शुजालपुर, इन्दौर, कलकत्ता, बम्बई, बंगलौर, बनारस, जबलपुर, नागपुर में थोड़े-थोड़े अरसे रहे। अन्ततः 1958 में दिग्विजय महाविद्यालय, राजनाँद गाँव में।

आप लेखन में ही नहीं, जीवन में भी प्रगतिशील सोच के पक्षधर रहे, और यही कारण कि माता-पिता की असहमति के बावजूद प्रेम विवाह किया।

अध्ययन-अध्यापन के साथ पत्रकारिता में भी आपकी गहरी रुचि रही। 'वसुधा', 'नया ख़ून' जैसी पत्रिकाओं में सम्पादन-सहयोग। आप अज्ञेय द्वारा सम्पादित 'तार सप्तक' के पहले कवि के रूप में भी जाने जाते हैं। प्रगतिशील कविता और नई कविता के बीच आपकी क़लम की भूमिका अहम और अविस्मरणीय रही जिसका महत्त्व अपने 'विज़न' में आज भी एक बड़ी लीक।

आपकी प्रकाशित कृतियाँ हैं—चाँद का मुँह टेढ़ा है, भूरी-भूरी खाक-धूल, प्रतिनिधि कविताएँ (कविता); काठ का सपना, विपात्र, सतह से उठता आदमी (कहानी); कामायनी : एक पुनर्विचार, नई कविता का आत्म-संघर्ष, नए साहित्य का सौन्दर्यशास्त्र (जिसका नया संस्करण अब कुछ परिवर्तित रूप में 'आखिर रचना क्यों ?' नाम से प्रकाशित), समीक्षा की समस्याएँ, एक साहित्यिक की डायरी (आलोचना); भारत : इतिहास और संस्कृति (विमर्श); मेरे युवजन मेरे परिजन (पत्र-साहित्य); शेष-अशेष (असंकलित रचनाएँ)। आपकी प्रकाशित-अप्रकाशित सभी रचनाएँ मुक्तिबोध समग्र में शामिल जो आठ खंडों में प्रकाशित।

आपका निधन 11 सितम्बर, 1964 को नई दिल्ली में हुआ।

प्रतिनिधि कविताएँ

गजानन मा. मुक्तिबोध

सम्पादक
अशोक वाजपेयी

राजकमल पेपरबैक्स

राजकमल पेपरबैक्स में
पहला संस्करण : 1984
इक्कतीसवाँ संस्करण : 2023

राजकमल पेपरबैक्स : उत्कृष्ट साहित्य के जनसुलभ संस्करण

राजकमल प्रकाशन प्रा.लि.
1-बी, नेताजी सुभाष मार्ग, दरियागंज
नई दिल्ली-110 002
द्वारा प्रकाशित

शाखाएँ : अशोक राजपथ, साइंस कॉलेज के सामने, पटना-800 006
पहली मंजिल, दरबारी बिल्डिंग, महात्मा गांधी मार्ग, प्रयागराज-211 001
1, अनमोल सोराबजी संतुक लेन, धोबी तलाव, मरीन लाइंस, मुम्बई-400 002
वेबसाइट : www.rajkamalprakashan.com
ई-मेल : info@rajkamalprakashan.com

बी.के. ऑफसेट
नवीन शाहदरा, दिल्ली-110 032
द्वारा मुद्रित

मूल्य : ₹ 150

PRATINIDHI KAVITAYEN
Representative Poems of Gajanan Madhav Mutibodh
Edited by Ashok Vajpeyi

ISBN : 978-81-267-0425-5

अंतःकरण का आयतन' संक्षिप्त नहीं है। वह अपनी जिम्मेदारी और शिरकत को बेझिझक स्वीकार करता है, दूसरों पर दोषारोपण करना उसका स्वभाव नहीं है। इसीलिए मुक्तिबोध की कविता गहरे नैतिक बोध से अनुप्राणित है।

मुक्तिबोध ने अपनी जिंदगी का ज्यादातर हिस्सा कस्बों या छोटे शहरों में गुजारा। उनकी कविता इस निजी भूगोल से बराबर प्रतिकृत हुई है। आज के अनेक कवियों की तरह इस बात ने उन्हें किसी सामाजिक पिछड़ेपन के भाव से कभी नहीं ग्रसा, बल्कि इस भूगोल ने उनकी कविता को उसका गहरा निजीपन और आत्मीयता प्रदान की। इधर हिंदी में मुक्तिबोध की कविता से ही हमने पहली बार यह पहचाना है कि महायुद्ध रणक्षेत्र या महानगर के शक्ति-केंद्रों में ही नहीं लड़ा जाता। उसकी व्याप्ति हमारे निजी जीवन की सुरक्षित लगती सीमाओं के अंदर तक है। शक्तियों के इस महाद्वंद्व में हम सब शामिल हैं, भले ही अक्सर अनजाने और बेखबर। मुक्तिबोध की कविता हमें खबरदार करती कविता है ताकि हम अपनी हिस्सेदारी को ठीक से समझ-बूझ सकें।

मुक्तिबोध ने दो सौ से अधिक कविताएँ लिखी हैं। उनमें से एक छोटा चयन करना बहुत मुश्किल काम है। उन्होंने काफी छोटी कविताएँ भी लिखी हैं। अपनी सीमाओं में यह चयन उनके काव्य-व्यक्तित्व के सभी प्रमुख पक्षों को प्रतिबिंबित कर सकेगा, ऐसी आशा है। अब समय आ गया है कि हिंदी का आम पाठक भावुक, लुभावने और चकाचौंध के संसार की गिरफ्त से मुक्त होकर मुक्तिबोध की कविता द्वारा बनाए गए सच्चे-खरे और संघर्षशील संसार से परिचित हो जोकि दरअसल उसका सच्चा, भले ही अब तक अलक्षित, संसार है।

अशोक वाजपेयी

भोपाल
9 अगस्त, 1984

क्रम

पूँजीवादी समाज के प्रति

इतने प्राण, इतने हाथ; इतनी बुद्धि
इतना ज्ञान, संस्कृति और अंतःशुद्धि
इतना दिव्य, इतना भव्य, इतनी शक्ति
यह सौंदर्य, वह वैचित्र्य, ईश्वर-भक्ति,
इतना काव्य, इतने शब्द, इतने छंद—
जितना ढोंग, जितना भोग है निर्बंध
इतना गूढ़, इतना गाढ़, सुंदर जाल—
केवल एक जलता सत्य देने टाल।
छोड़ो हाय, केवल घृणा औ' दुर्गंध
तेरी रेशमी वह शब्द-संस्कृति अंध
देती क्रोध मुझको, खूब जलता क्रोध
तेरे रक्त में भी सत्य का अवरोध
तेरे रक्त से भी घृणा आती तीव्र
तुझको देख मितली उमड़ आती शीघ्र
तेरे हास में भी रोग-कृमि हैं उग्र
तेरा नाश तुझ पर क्रुद्ध, तुझ पर व्यग्र।
मेरी ज्वाल, जन की ज्वाल होकर एक
अपनी उष्णता से धो चलें अविवेक
तू है मरण, तू है रिक्त, तू है व्यर्थ
तेरा ध्वंस केवल एक तेरा अर्थ।

मैं उनका ही होता

मैं उनका ही होता, जिनसे
मैंने रूप-भाव पाए हैं।
वे मेरे ही हिये बँधे हैं
जो मर्यादाएँ लाए हैं।
मेरे शब्द, भाव उनके हैं,
मेरे पैर और पथ मेरा,
मेरा अंत और अथ मेरा,
ऐसे किंतु चाव उनके हैं।
मैं ऊँचा होता चलता हूँ
उनके ओछेपन से गिर-गिर,
उनके छिछलेपन मे खुद-खुद,
मैं गहरा होता चलता हूँ।

रात, चलते हैं अकेले ही सितारे

रात, चलते हैं अकेले ही सितारे।
एक निर्जन रिक्त नाले पास
मैंने एक स्थल को खोद
मिट्टी के हरे ढेले निकाले दूर
खोदा और
खोदा और
दोनों हाथ चलते जा रहे थे शक्ति से भरपूर।
सुनाई दे रहे थे स्वर–

बड़े अपस्वर
घृणित रात्रिचरों के क्रूर।
काले-से सुरों में बोलता, सुनसान था मैदान।
जलती थी हमारी लालटैन उदास,
एक निर्जन, रिक्त नाले पास।
खुद चुका बिस्तर बहुत गहरा
न देखा खोलकर चेहरा
कि जो अपने हृदय-सा,
प्यार का टुकड़ा
हमारी जिंदगी का एक टुकड़ा,
प्राण का परिचय,
हमारी आँख-सा अपना
वही चेहरा ज़रा सिकुड़ा
पड़ा था पीत,
अपनी मृत्यु में अविभीत।
वह निर्जीव,
पर उस पर हमारे प्राण का अधिकार;
यहाँ भी मोह है अनिवार,
यहाँ भी स्नेह का अधिकार।

बिस्तर खूब गहरा खोद,
अपनी गोद से,
रक्खा उसे उस नरम धरती-गोद।
फिर मिट्टी,
कि फिर मिट्टी,
रखे फिर एक-दो पत्थर
उढ़ा दी मृत्तिका की साँवली चादर
हम चल पड़े
लेकिन बहुत ही फ़िक्र से फिरकर,
कि पीछे देखकर

मन कर लिया था शांत।
अपना धैर्य पृथ्वी के हृदय में रख दिया था।
धैर्य पृथ्वी का हृदय में रख लिया था।
उतनी भूमि पर है चिरंतन अधिकार मेरा,
जिसकी गोद में मैंने सुलाया प्यार मेरा।
आगे लालटैन उदास,
पीछे, दो हमारे पास साथी।
केवल पैर की ध्वनि के सहारे
राह चलती जा रही थी।

मुझे पुकारती हुई पुकार

मुझे पुकारती हुई पुकार खो गई कहीं...
प्रलंबिता अँगार रेख-सा खिचा
अपार चर्म
वक्ष प्राण का
पुकार खो गई कहीं बिखेर अस्थि के समूह
जीवनानुभूति की गंभीर भूमि में।
अपुष्प-पत्र, वक्र-श्याम झाड़-झंखड़ों-घिरे असंख्य ढूह
भग्न निश्चयों-रुँधे विचार-स्वप्न-भाव के
मुझे दिखे
अपूर्त सत्य की क्षुधित
अपूर्ण यत्न की तृषित
अपूर्त जीवनानुभूति-प्राणमूर्ति की समस्त भग्नता दिखी
(कराह भर उठा प्रसार प्राण का अजब)
समस्त भग्नता दिखी

कि ज्यों विरक्त प्रांत में
उदास-से किसी नगर
सटर-पटर
मलीन, त्यक्त, जंग-लगे कठोर ढेर–
भग्न वस्तु के समूह
चिलचिला रहे प्रचंड धूप में उजाड़...
दिख गए कठोर स्याह
(घोर धूप में) पहाड़
कठिन-सत्त्व भावना नपुंसका असंज्ञ के
मुझे दिखी विराट् शून्यता अशांत काँपती
कि इस उजाड़ प्रांत के प्रसार में रही चमक।
रहा चमक प्रसार...
फाड़ श्याम-मृत्तिका-स्तरावरण उठे सकोण
प्रस्तरी प्रतप्त अंग यत्र-तत्र-सर्वतः
कि ज्यों ढँकी वसुंधरा-शरीर की समस्त अस्थियाँ खुलीं
रहीं चमक कि चिलचिला रही वहाँ
अचेत सूर्य की सफेद औ' उजाड़ धूप में।
समीरहीन ख़ैबरी
अशांत घाटियों गई असंग राह
शुष्क पर्वतीय भूमि के उतार औ' उठान की निरर्थ
उच्चता निहारती चली वितृष्ण दृष्टि से
(कि व्यर्थ उच्चता बधिर असंज्ञ यह)
उजाड़ विश्व की कि प्राण की
इसी उदास भूमि में अचक जगा
मुझे पुकारती हुई पुकार खो गई कहीं।

दरार पड़ गई तुरत गभीर-दीर्घ
प्राण की गहन धरा प्रतप्त के
अनीर श्याम मृत्तिका शरीर में।
कि भाव स्वप्न-भार में

पुकार के अधीर व्यग्र स्पर्श से बिलख उठे
तिमिर-विवर में पड़ी अशांत नागिनी–
छिपी हुई तृषा
अपूर्त स्वप्न-लालसा
तुरत दिखी
कि भूल-चूक ध्वंसिनी अनावृता हुई।
पुकार ने समस्त खोल दी छिपी प्रवंचना
कहा कि शुष्क है अथाह यह कुआँ
कि अंधकार-अंतराल में लगे
महीन श्याम जाल
घृण्य कीट जो कि जोड़ते दिवाल को दिवाल से
व अंतराल का तला
अमानवी कठोर ईंट-पत्थरों भरा हुआ
न नीर है, न पीर है, मलीन है
सदा विशून्य शुष्क ही कुआँ रहा।

विराट् झूठ के अनंत छंद-सी
भयावनी अशांत पीत धुंध-सी
सदा अगेय
गोपनीय द्वंद्व-सी असंग जो अपूर्त स्वप्न-लालसा
प्रवेग में उड़े सुतीक्ष्ण बाण पर
अलक्ष्य भार-सी वृथा
जगा रही विरूप चित्र हार का
सधे हुए निजत्व की अभद्र रौद्र हार-सी।
मैं उदास हाथ में
हार की प्रतप्त रेत मल रहा
निहारता हुआ प्रचंड उष्ण गोल दूर के क्षितिज।

शून्य कक्ष की उदास
श्वासहीन, पीत-वायु शांति में

दिवाल पर
सचेष्ट छिपकली
अजान शब्द-शब्द ज्यों करे
कि यों अपार भाव स्वप्न-भार ये
प्रशांति गाढ़ में
प्रशांति गाढ़ से
प्रगाढ़ हो
समस्त प्राण की कथा बखानते
अधीर यंत्र-वेग से अजीब एकरूप-तान
शब्द, शब्द, शब्द में।

मुझे पुकारती हुई पुकार खो गई कहीं...
आज भी नवीन प्रेरणा यहाँ न मर सकी,
न जी सकी, परंतु वह न डर सकी।
घनांधकार के कठोर वक्ष
दंश-चिह्न-से
गभीर लाल बिंब प्राण-ज्योति के
गभीर लाल इंदु-से
सगर्व भीम शांति में उठे अयास मुसकरा
घनांधकार की भिदी परंपरा।
सफेद राख के अचेत शीत
सर्व ओर रेंगते प्रसार में
दबी हुई अनंत ज्योति जग उठी
मलीन मृत्यु-गीत के उदास छंद बावरे
घनांधकार के भुजंग-बंध दीर्घ साँवरे
विनष्ट हो गए
प्रबुद्ध ज्वाल में हताश हो।
विशाल भव्य वक्ष से
बही अनंत स्नेह की महान् कृतिमयी व्यथा
बही अशांत प्राण से महान् मानवी कथा।

किसी उजाड़ प्रांत के
विशाल रिक्त-गर्भ गुंबजों-घिरे
विहंग जो
अधीर पंख फड़फड़ा दिवाल पर
सहायहीन, बद्ध-देह, बद्ध-प्राण
हारकर न हारते
अरे, नवीन मार्ग पा खुला हुआ
तुरंत उड़ गए सुनील व्योम में अधीर हो।
मुझे पुकारती हुई पुकार खो गई वहीं
सँवारती हुई मुझे
उठी सहास प्रेरणा।
प्रभात भैरवी जगी अभी-अभी।

बहुत शर्म आती है

बहुत शर्म आती है मैंने
खून बहाया नहीं तुम्हारे साथ
बहुत तड़पकर उठे वज्र-से
गलियों के जब खेतों-खलिहानों के हाथ
बहुत खून था छोटी-छोटी पंखुड़ियों में
जो शहीद हो गईं किसी अनजाने कोने
कोई भी न बचे,
केवल पत्थर रह गए तुम्हारे लिए अकेले रोने

किसी एक
वीरान गाँव के

भूरे अवशेषों के रखवाले बरगद के
चरण-तले की धूल
मैंने मस्तक पर लगा तुम्हें जब याद किया
देखी मैंने वह साँझ
जमा था जिसके लंबे विस्तारों में
केवल मौन तुम्हारा खून ! !
बहुत ख़ून था कोमल-कोमल पंखुरियों में
बूढ़े पीले पातों में
जो हुई रक्त से लाल
खेतों-खलिहानों की मिट्टी
उसकी भूख-प्यास
अपने अंतर में धारण कर
जब मैंने ले-ले नाम पुकारा बहुत जोर से
आस-पास के पहाड़-शिल
से आई गूँज या आवाज़
जिसने बतलाया वह ज्वलंत इतिहास
मानव-मुक्ति-यास का ! !
सुनकर जिसे
बहुत शर्म आती है
मैंने ख़ून बहाया नहीं तुम्हारे साथ ! !

बहुत दिनों से

मैं बहुत दिनों से बहुत दिनों से
बहुत-बहुत-सी बातें तुमसे चाह रहा था कहना
और कि साथ-साथ यों साथ-साथ

फिर बहना बहना बहना
मेघों की आवाजों से
कुहरे की भाषाओं से
रंगों के उद्भासों से ज्यों नभ का कोना-कोना
है बोल रहा धरती से
जी खोल रहा धरती से
त्यों चाह रहा कहना
उपमा संकेतों से
रूपक से, मौन प्रतीकों से

मैं बहुत दिनों से बहुत-बहुत-सी बातें
तुमसे चाह रहा था कहना !
जैसे मैदानों को आसमान,
कुहरे की, मेघों की भाषा त्याग
बिचारा आसमान कुछ
रूप बदलकर रंग बदलकर कहे ।

सहर्ष स्वीकारा है

ज़िंदगी में जो कुछ है, जो भी है
सहर्ष स्वीकारा है;
इसलिए कि जो कुछ भी मेरा है
वह तुम्हें प्यारा है ।
गरबीली गरीबी यह, ये गभीर अनुभव सब
यह विचार-वैभव सब
दृढ़ता यह, भीतर की सरिता यह अभिनव सब

मौलिक है, मौलिक है
इसलिए कि पल-पल में
जो कुछ भी जाग्रत है अपलक है—
संवेदन तुम्हारा है!!

जाने क्या रिश्ता है, जाने क्या नाता है
जितना भी उँड़ेलता हूँ, भर-भर फिर आता है
दिल में क्या झरना है?
मीठे पानी का सोता है
भीतर वह, ऊपर तुम
मुसकाता चाँद ज्यों धरती पर रात-भर
मुझ पर त्यों तुम्हारा ही खिलता वह चेहरा है!
सचमुच मुझे दंड दो कि भूलूँ मैं भूलूँ मैं
तुम्हें भूल जाने की
दक्षिण ध्रुवी अंधकार-अमावस्या
शरीर पर, चेहरे पर, अंतर में पा लूँ मैं
झेलूँ मैं, उसी में नहा लूँ मैं
इसलिए कि तुमसे ही परिवेष्टित आच्छादित
रहने का रमणीय यह उजेला अब
सहा नहीं जाता है।
नहीं सहा जाता है।
ममता के बादल की मँडराती कोमलता—
भीतर पिराती है
कमजोर और अक्षम अब हो गई है आत्मा यह
छटपटाती छाती को भवितव्यता डराती है
बहलाती सहलाती आत्मीयता बरदाश्त नहीं होती है!!

सचमुच मुझे दंड दो कि हो जाऊँ
पाताली अँधेरे की गुहाओं में विवरों में
धुएँ के बादलों में

बिलकुल मैं लापता!!
लापता कि वहाँ भी तो तुम्हारा ही सहारा है!!
इसलिए कि जो कुछ भी मेरा है
या मेरा जो होता-सा लगता है, होता-सा संभव है
सभी वह तुम्हारे ही कारण के कार्यों का घेरा है, कार्यों का वैभव है
अब तक तो जिंदगी में जो कुछ था, जो कुछ है
सहर्ष स्वीकारा है
इसलिए कि जो कुछ भी मेरा है
वह तुम्हें प्यारा है।

शब्दों का अर्थ जब

धरती की आँखों के सम्मुख अब
असंभव कि आगे आए
सूना वह हिस्सा जो पिछला है चंदा का
अगला न हुआ हिस्सा वह
चाहे वह पूनों हो, मावस हो
तो अन्यों के नेत्रों से ओझल वह
आत्म-संज्ञ निज-संविद् निज-चेतस्
सूना वह गोल सिफ़र
बाहर पर, धरती पर फैलाए छिटकाए चाँदनी
तो कृत्रिम-स्मित मुसकाते चंदा-सा
शब्दों का अर्थ जब;
घनघोर जंगल की मध्य-रात्रि-सूने में
बहुत दूर, बहुत दूर, मीलों दूर
दीखता हिलता हुआ, डुलता हुआ
जलता हुआ लाल-लाल

प्रकाश-बिंब अजनबी
सुर्ख एक धब्बा वह ज्वाल का
करता है संकेतित कोई उपदिशा किंतु वस्तुतः
बतलाता कुछ नहीं
शब्दों का अर्थ जब;

वेश्या के देह से
तैरते-उतरते व चढ़ते हुए कंपभरे
भड़कीले वस्त्रों-सा
सकुचाता सिहर जाए,
शब्दों का अर्थ जब,
किराए के श्रृंगार-दागों-सा उभर आय आदतन
शैया की चमकीली
चादर-सा फुसकाता हँस जाए,
बिके हुए कमनीय गौर कपोलों पर
पापों के फूलों-सा मुस्काए
शब्दों का अर्थ जब!!

अहं की वृत्तियों के मानसिक
मकड़ी के जालों-सा सूक्ष्मतम—
श्रद्धा के द्वारों पर लगे हुए
स्वार्थों के तालों-सा
जीने के ज़ीने की
अँधेरी व चक्करदार
सीढ़ियों पर चोरों के
पैरों की बार-बार
प्रतिध्वनि-ध्वनियों-सा
शब्दों का अर्थ जब;

गिन्नी-सा, रुपयों-सा,
पैसों-सा बोलेगा
पाताली लोकों में
लोभों के प्रेतों का
डोलेगा सिंहासन;

शब्दों का अर्थ जब—
पोखर में अंतर के, व्रणीभूत
दुर्दर की दर्दभरी
टेरों-सा भूखा हो,
मानव की पीड़ा की रातों में चिल्लाती
खौंखियाती बिल्ली के रागों-सा रूखा हो,
नर-तन में पशु-मन के झींगुर की अनर्गल
झिल्ली की झन-झन से
गलियारा गूँजता
ऐसे ही ध्वनिगुंजित मलिन-पंक-गलियारा
शब्दों का अर्थ जब,
दम भरते दंभों के
सियारों का जंगल में
मंगल का अँधियारा
शब्दों का अर्थ जब;

शब्दों का अर्थ जब
अपने ही दाँतों से
अपने ही घावों को
काटे और चूम जाए,
झुठलाती झूठी-सी
निंदा के होंठों को
चाटे और झूम जाए—
शब्दों का अर्थ जब,

सीधों के गालों पर
टेढ़ों की घृणाभरी
कुत्सामय झापड़-सा
आत्मा के आस-पास
द्वेषों की ईर्ष्या की
थूहर-बबूलों की
काँटेदार बागड़-सा
शब्दों का अर्थ जब;

लुके-छिपे कभी-कभी
सज्जन की आत्मा में
विकृतिपूर्ण स्वार्थों की
अकस्मात् गड़बड़ या चंद्र-किरण-स्नात
वन-मंजरी-बौरायी नवल आम्र-शाख पर
चिमगादड़-वृंदों की
फड़-फड़ या हुल्लड़-सा
शब्दों का अर्थ जब;

सज्जन की गंध-मधुर
आत्मा के फूलों पर
आंतरिक कमजोरी
की हरी-हरी इल्ली-सा
सामूहिक निश्चय के बाड़े में पिछवाड़े
मुँडेरों पर भागे जो देखे जो पीछे को
भीगी-सी बिल्ली-सा
शब्दों का अर्थ जब;

आदर्शों-लक्ष्यों के स्वर्ण-कांति शिखर लिए
विचारों के भव्य भवन—
मानःसरोवर-तट पर प्रतिबिंबित शोषित हैं

तो कभी-कभी, कभी-कभी
स्फटिक-श्वेत स्निग्ध संगमर्मर बनी मधुर चाँदनी-धुली
भव्य पावन दिवालों पर
अंधकार-गुहाओं से सरसराते हुए लक्ष्य
स्वप्नों की चमचमाती हुई स्याह रश्मि या दीर्घ लहराता
हुआ काल-सर्प
महत्त्वाकांक्षा का सरसराता चढ़ता है काल-नाग
स्फटिक-श्वेत पावन दिवालों पर,
कि जिसकी अकस्मात
पकड़कर लहराती भुजंग-पूँछ
चढ़ता है, चढ़ता है
चोर एक
अकुलाती इच्छा का बिल्वमंगल मोह-अंध
शब्दों का अर्थ जब;

लक्ष्यों की अकुलाती
यशवंती कीर्ति-उषा
के खुले हुए वातायन
में से यों चोरी से झाँककर
भीतर द्रुत कूदकर
उस घर का वासी विश्वासी बन
सज्जन कहलाता है
शब्दों का अर्थ जब;

भीतर के दरवाजे पर डालकर आकर्षक
आदर्शों-लक्ष्यों की सुंदर एक चिलमन
चिलमन के भीतर जब
मोहमयी नारी-सी
अहंबद्ध सामाजिक
उन्नति-प्रतिष्ठा की लालसा

लेती है अँगड़ाई
तो चिलमन में डोलती उसकी मधु-छाया-सा सम्मोहक आकर्षक
शब्दों का अर्थ जब;

आदर्शों-लक्ष्यों के बेला के फूल नव
वेणी में गूँथकर
नागिन-सी वेणी को
उरस् पर लहराकर
बैठी जो काल-यवन दानव के अंक में
उसकी उस खुली हुई
सांस्कृतिक जंघा-सा
शब्दों का अर्थ जब,
मानव की उन्नति के
वेगवान चक्रों को
कुचक्रों के अस्त्रों से तोड़नेवालों की
स्वयं की श्लाघा-सा
शब्दों का अर्थ जब;

आदर्शों-लक्ष्यों के
आत्मजात पुत्रों-से
प्रभावमय विचार-भाव–
जन-जन दूर हट
वैभव व बल पाकर
अहं के बेतों से
लक्ष्यों को कि पिताओं को मार-मार
बरसाती रातों में पैत्रिक भवन में से
देते हैं निकाल ज्यों
कि पापी उन आत्मजात पुत्रों-सा
शब्दों का अर्थ जब;

जंगल के अँधेरे में
पीपल-समीप एक
पुरानी किसी सांस्कृतिक
हवेली की खंडिता
ठंडी-सी गच्ची पर
मरी हुई आत्माओं
भूतों की जिह्वा से गूँज रही तमवन में
वेदों की वाणी-सा
जन-जन की गर्दन पर
शोषण के फरसे की
भीषण कहानी-सा
शब्दों का अर्थ जब;

जनता को ढोर समझ
ढोरों की पीठभरे
घावों में चोंच मार
रक्त-भोज, मांस-भोज
करते हुए गर्दन मटकाते दर्प-भर कौओं-सा
भूखी अस्थि-पंजर शेष
नित्य मार खाती-सी
रँभाती हुई अकुलाती दर्दभरी
दीन-मलिन गौओं-सा
शब्दों का अर्थ जब;

दुनिया को हाट समझ
जन-जन के जीवन का
मांस काट,
रक्त-मांस विक्रय के
प्रदर्शन की प्रतिभा का
नया ठाठ,

शब्दों का अर्थ जब
नोच-खसोट लूट-पाट;

सत्ता के परब्रह्म
ईश्वर के आस-पास
सांस्कृतिक लहँगों में
लफंगों का लास-रास
खुश होकर तालियाँ
देते हुए गोलमटोल
बिके हुए मूर्खों के
होंठों पर हीन हास
शब्दों का अर्थ जब;

सत्ता के लोहे के डंडे से घबराकर
जनता की दिग्विजयी क्षमता से कतराकर
सज्जन के पंच-प्राण
करते जब अविश्वास
जन-बल में अश्रद्धा,
स्वयं उन्हें देती है
आत्म-विश्वास-हानि
सज्जन की आत्मा तब
विधवा बन जाती है
विधवा के प्राणों से
या विधवा की
कोख से अवैध समझा गया जन्म
जब सत्यों का होता है
तो भय के अँधेरे में
नपुंसक नदी-तीर
आत्मजात शिशुओं की अपने ही हाथों से
मरोड़ी ही गर्दन जो जाती है

तब आत्मजा निंदा की भयावनी
मर्मांतक शिकायतों
सत्यों के कंठ-रोध–
प्रतिभा के शिशुओं की
अंतिम-दम-चीखों-सा
शब्दों का अर्थ जब;

नपुंसक आत्मा-सा सज्जन की
वंचना-स्वप्नों-सा, धोखों-सा
सज्जन के वैचारिक खोखों-सा
शब्दों का अर्थ जब;

अनुभव-विवेक-हीन
ज्ञान-संवेदन-हीन
अंधकार-अंबर में
जीवंत पीड़ा-हीन कठिन बुद्धि तर्कों की
बिजलियाँ चमकती हैं नाचती असियों-सी,
अहंकार-तुष्टि के प्रसाधन–
युक्ति, रिक्त सूत्र, वाद, आत्म-आशंसी
गड़गड़ाते दिशाओं में,
अहंकार-तुष्टि के नशे में नित
तर्कों का चक्रव्यूह-जाल बुना जाता है,
सूरज ठहर जाता है मेघों के गड्ढे में
जहाँ भी हो चाँद रुक जाता है,
सरित का प्रवाह जम जाता है अकस्मात्
सिंधु की तरंगें थम जाती हैं,
मूर्ख और मुखर
मसीहा का तेजस्वी
भाल–सूर्य होता है जगमगाते टीन-सा,
चेहरा–चंद्र बनता है उपमा के प्रयोग में,

भाव–नदी बनते हैं आँगन में पानी की लकीर-से,
हृदय–सिंधु बनता है दलदल का
अहंकार-तुष्टि के नशे में सब अर्थ बदल जाते हैं
दुनिया बदल जाती है,
सियार शेर बनते हैं,
श्मशानों के पीपल के पीत पत्र
और और
वाग्वीर बनते हैं,
राजपथों-गलियों में
ग्राम-सिंह-वृंदों का
धर्म-युद्ध होता है,
जनता की दुःखजनित
आस्था का स्वार्थग्रस्त
दुरुपयोग होता है,
जन-मन की सृजनशील प्रतिभा का
अपार निर्लज्ज और निःशंक भोग होता है,
तो ऐसे ही वाग्वीर
सैद्धांतिक मुखर मूर्ख
सौ त्रान्तिक जिह्वा के
अहंकार-सत्यों-सा
शब्दों का अर्थ जब;

सामाजिक-आध्यात्मिक
शोषण के जल-प्रलय
पूरों में, बाढ़ों में
जन-जन की अनगिनत
बहती हुई लोथों-सा
पूर्तिहीन जन-सुलभ
कांक्षा-स्वप्न–मानो बाल-वृंदों
के तोड़े-मरोड़े गए

कटे-छँटे हाथों-सा
शब्दों का अर्थ जब;

तब मनुष्य ऊबकर उकताकर
ऐसे सब अर्थों की छाती पर पैर जमा
तोड़ेगा काराएँ कल्मष की
तोड़ेगा दुर्ग सब
अर्थों के अनर्थ के।

अनर्थ जब शोषण की दुनिया का
नियम और
जनता का नियम जबकि
संघर्षी दिग्विजय
तो शब्दों का अर्थ भी
अलग-अलग होता है,
माँओं के, बहनों के
आँसुओं-सिंची-हुई गेहूँ की फसलों पर
फैले धूप-आतप का
स्वर्ण अलग होता है,
माँओं-पिताओं की आत्मा में
बहती हुई ममतामय गंगा की
कल्याणी यमुना की तरंगों का
वर्ण अलग होता है,
भारतीय कीर्ति के
सुनील गिरि-शिखरों पर
बैठे हुए स्वर्ण-पंख—
मानवीय प्रतिभा के
राजहंस-मिथुनों की
शोभा अलग होती है
शब्दों के अर्थों में

जन-जन के चेहरे जगमगाते हैं
                    चमकती हैं आँखें ये
                    अनुभव दमकते हैं
                    शब्दों के अर्थों में !
संध्या के उपराम
क्षणों के उपरांत
भारतीय मैदान
पवनों की चादरों को
                    लपेटकर सोते हैं
तो कमरे के अँधेरे में
                    जगती है प्रियतमा
                                        कल्याणी चिंता एक
बाहर-गत प्रिय की प्रतीक्षा में
प्रतीक्षातुर प्रहर-पल सरकते हैं कि
इतने में, इतने में
अँधेरे में खटखटाई जाती है बाहर से,
अँधेरे में साँकल यह
अंतर के द्वारों की–
सुनकर जिसे अकुलाती
                    तुरंत उठ पड़ती,
कल्याणी चेतना संवेदित ।
द्वार खोल देने को उठे हुए हाथों से
साँकल पर कंपनमय कंगन की
                    संवेदित रोमांचित ध्वनियों-सा
                                        शब्दों का अर्थ जब;

जन-जन के लक्ष्यों के
संघर्षी मार्गों पर
चलने को आतुर उन

श्रद्धानत पुत्रों के
अंतर में, मन में हैं
आलोकित–
(अपने ही झुके हुए मस्तक के नीचे हैं
दीपित शत)
अनुभव-रज-धूसर उन
पिताश्री के, माता के
चरणों के पावन नख-मणियों-सा
शब्दों का अर्थ जब;

धूलभरी पगडंडी
पर लाठी ले चलते, उन
कर्मठ पति-चरणों की
संपीड़ित छाया में
पति-प्राणा दृढ़ता की
चलती है गट्ठे को सिर पर रख रेखा वह
अनुभव के गट्ठे को सिर पर रख
कोमल-उर-संगिनि-सा
चलता है लक्ष्यों के
पीछे यों
शब्दों का अर्थ जब;

धूप-तपी राहों की
धूलिमय सफेदी में
एक जगह श्यामलता,
पेड़ तले छाया में बैठे हैं
होरी औ' धनिया,
धनिया है नीलांचल
श्रम-सिक्ता श्याम लता।

अपने ही प्रेरणा-
पुरुष के कंधे पर
बाँह डाल बैठी है,
स्नेह की दृढ़ता में
साँवरी चंचलता;
तो अपने ही
प्रेरणा-पुरुष
के कंधे पर
जीवन के अनुभव की ममतामय
बाँहों-सा,
आकुलित अनुभव के माथे पर
लक्ष्यों के लाल-लाल कुंकुम-सा
शब्दों का अर्थ जब;

गरीबी के अनुभव के बीहड़ हिमनग प्रदेशों में
ममता की शुभ्र अमल गंगा के कूलों पर
मानवीय लक्ष्यों के
श्याम खेत सिंचते हैं पठारों पर
संवेदन सत्यों की झीलें प्रतिबिंबित अरुणायित लहरातीं।
राजपथों-गलियों में
जीवन के वैज्ञानिक ज्ञान-दीप
प्राणों के हँसते हैं।
संवेदित भावों के आकुलित विचारों के
राजपथों-गलियों से, दूर पर—
प्राणों की गंगा का
अकुलाता जल-प्रसार
खूब दीख पड़ता है।
गरीबी की राहों के चौराहों, दुराहों पर
मंत्रमुग्ध भावों की
शीर्षोन्नत जनता को

पुकारता जगाता है
मनस्वी एक अपना ही,
तो अपने ही प्राणों के भीतर उस
तेजस्वी साथी के दमदमाते क्रांतिकारी स्वप्नों-सा
शब्दों का अर्थ जब;

जनता के जीवन के संवेदन-सत्यों के
चित्रों से—
तथ्यों के विश्लेषण-संश्लेषण-बिंबों से—
बनाकर धरित्री का मानचित्र
दूर क्षितिज फलक पर कि टाँग जो देता है
वह जीवन का वैज्ञानिक यशस्वी
कार्यकर्ता है
मनस्वी क्रांतिकारी वह
सहजता से
दृढ़ता से
दिशाएँ कर निर्धारित
उषाएँ कर उद्‌घाटित
जन-जन को पुकारता जगाता है निशाओं में
तो उसकी उस कंठ-रुँधी बंधु-भाव
भरी हुई वाणी में काँप रही
जगमगाती आग और
छलकते हुए पानी-सा
शब्दों का अर्थ जब;

उस संप्रेरित बंधु-भाव
भरी हुई निज चेतस् पीड़ा की वाणी में
संघर्षों-विश्वासों विकासमान चेतन-तृषाओं की
जीवन-कहानी की नगरी में
संवेदन-सत्यों की बस्तियाँ अनेकानेक बिखरी हैं क्षितिज तलक

सुनते ही वाणी के शब्द-स्वर
जन-जन के कोमल मन
सर्जन की पीड़ा से आकुल हो
आत्म-दान करने को
घूमते-फिरते हैं
संवेदन-सत्यों की बस्ती की गलियों में
सर्जन की पीड़ा से आकुल हो,
तो उस क्षण की समुत्तुंग
पीड़ा के शिखर-शीश
बैठा जो विवेकवान
प्रतिभामय
        महापुरुष जीवन का
तो उसके नव-क्षितिज-रूप
        तेजस् ललाट-सा
        शब्दों का अर्थ जब;

जन-जन के धड़कते हुए हृदयों की
अपनी भी धड़कती हुई छाती की
जीवित त्वचाओं से
        मढ़ी हुई
दुंदुभियाँ बजती हैं,
अभियानी बेला में, सहसा तब
दिशाओं का नीला पट
लोहित अग्नि-वलयों में
        मुड़-मुड़ जब जाता है
तब दिग्विजयी रक्त-ध्वज
की मुस्कराती फर-फर-सा
        शब्दों का अर्थ जब;

जीवन की यात्रा में
        अर्थ-स्वर्ण-मैदान आँखों के सम्मुख नव

नव-नव जब खुलते हैं कि उनके भी पार पुनः
नए-नए अर्थों की
बहती चर्मणवती, गंभीरा, क्षिप्रा वह
जिसके तट
सोने के किरणों के अक्षर से चिह्नांकित
जीवन के विक्षोभित अर्थों की उज्जयिनी,
प्रश्नों के अर्थों की चंबल से
बहते हुए पवनों में डूबी है
जीवन-अवंतिका,
उसके भी पार, पुनः,
पूर्व-उत्तर की ओर नए
लक्ष्यों के नीले वन-खंडों में
बहती है उद्धत नव अर्थों की
कोमल-मन वेत्रवती
बुंदेले उन किसानों के संघर्षी जीवन की
उसके भी पार पुनः
जीवन के समतल में नए-नए प्रश्नों के
लक्ष्यों की
नील-लहर यमुना है
श्रमिकों की, कृषकों की बाँहों से बन जाता दोआबा
अर्थों की हिम-गिरिजा गंगा में
प्राणों की सरयू यहं मिलती है
तुलसी-स्वर-गंधिता।
अर्थों के पार नए
क्षितिजों के कुहरे में खोए हैं
आगामी असंख्य शिखर
अर्थों के हिमनग के।
जीवन की यात्रा में
अर्थों को आत्मसात करती हुई
अनुभविनी संवेदित

वैज्ञानिक जिज्ञासा
की निश्छल, इन निष्कलंक
भोली इन निष्कलुष
बुद्धिमान आँखों-सा
शब्दों का अर्थ जब ।

इसी बैलगाड़ी को

इसी बैलगाड़ी को पहाड़ी ढालों पर
चढ़ाता-उतारता बढ़ाता हूँ मैं
इसी बैलगाड़ी को
बहुत दूर तुम
खींच रहे हो शहरी अँधेरे में
वही बैलगाड़ी
वही हाँकना
सिर्फ एक फ़र्क़ है
फ़र्क आबोहवा का

शहराती गलियों के घुप्प अँधेरे में
उदास उजाला है
बिजली की लटकती गर्दन का
बिजली के खंभे के पास की गटर में
पहिया एक धँस गया
खंभे से टकराई व फँस गई
बैलगाड़ी तुम्हारी···
हो-हल्ला है गली में
परेशान तुम, बहुत धकापेल बाद भी

गाड़ी नहीं निकलती
भार वह भीतर का
उलझे खयालों का
व गतिहीन दर्द का
शंकाग्रस्त स्वप्नों का,
            भय-खाए पाप का
जंग-खाए ट्रंकों का, सटर-पटर माल-असबाब का
दूर उधर पहाड़ी चढ़ान की
            अँधेरी ऊँचाई में
प्रभीषण एक मोड़ पर
बैल जब बिचक गए
झाड़ी में जा फँसी
गाड़ी यह हमारी
व हम कहीं खड्डे में जा गिरे
(ललाट पर सूजन की
            छोटी-सी टेकड़ी
                तुम्हें दीखती नहीं)
हमारी ऊँचाइयाँ खतरनाक!
एकाएक उपस्थित होनेवाले तेज मोड़
गाहक हैं जान के
फिसल गया पैर यदि
गिरे पाताल में ही चिह्नहीन

इस वक़्त
परेशान हमने एक काम किया
रास्ते में एक ओर
कंडे की लाल आग
टिक्कड़ लगी सेंकने
बहुत-बहुत परेशान थके हुए हम भी हैं।
लेकिन सुगंध उस

टिक्कड़ की खूब जो कि
आत्मा में फैलती है
ईमान की भाफ बन!!

तमभरी चढ़ान की सड़क से
खतरनाक बल खाते मोड़ पर
अनंत दूरियों का संस्पर्श
लिए हुए हवाओं
से आलिंगित बैठे हम
अँधेरे में पहाड़ी
देखते हैं अग्नि में टिक्कड़ का सिकना
माया का ममता का सहज चमकना
याद आना
भाई बहन माता पिता पत्नी का
वियोग में तड़पना!!

क्या करें अँधेरी ऊँचाई पर
हमारे अंग-अंग में
खूब हवा खेलती
और उसके अनुषंग में
हृदय भी दूर-दूर लहराता रहता
क्या करें
जिंदगी ही ऐसी है कि
सहचर-रूप में
हमारे साथ तारे हैं चाँद है व आसमान
अब जो तुम्हारे लेखे
आउट-ऑफ-डेट हैं
इसके लिए क्या करें
तुम्हारे हमारे बीच
फ़र्क़ आबोहवा का कि

शब्दों का अभिधार्थ
एक होते हुए भी
व्यंजना-लक्षणा-ध्वनि और
मर्म भिन्न-भिन्न हैं
इसके लिए क्या करें हम लोग !

दूर उधर
किसी तमस्कण के
किसी तमस-अणु के
केंद्र को छिन्न कर
तड़ित् की चिनगियाँ
निकालने के लिए तुम
अपने ही बालों पर
रगड़ते कंघियाँ
आह क्या प्रयोग है
दोनों हैं सधते
केश-प्रसाधन और सत्य का आविष्कार !!
यह आत्म-मंथन भी खूब है !!
कहते तुम, समुद्र है आत्मा
पर अगर सड़क पर
पशु-मूत्र-धारा हो वह तो
इसकी क्या गैरंटी कि 'निज' वह
क्षुद्र नहीं
इसका क्या सुबूत है 'मैं' जो है सही है !!
इसका क्या प्रमाण कि
कहते जिसे आत्मा
अहं का न विक्षेप
स्वयं का न प्रक्षेप
किंतु शायद हृदय में दुखते हुए
शून्य को सहलाने

प्रतीकात्मक कार्य में रत तुम
इसीलिए कदाचित्
स्वयं के बाल ओंछ
बिजली का चिड़चिड़ाता चमत्कार
व्यक्त करना चाहते हो ! !
अपने दोनों भाई हैं
और दोनों दुखी हैं
दोनों हैं कष्ट-ग्रस्त
फिर भी तुम लड़ते हो हमसे ! !
बैलगाड़ी एक है
और वही हाँकना
सिर्फ एक फ़र्क़ है
फ़र्क़ आबोहवा का

दूर उधर पहाड़ी चढ़ान पर
भरा हुआ कई मन
ताजी कटी फसलों का
गेहूँ है उत्तम
मनोहर कांक्षा का
सुगंधित स्वप्न का
अनुशासी मन का
सच है कि स्वप्नों की
कांक्षा का फैशन चला गया
किंतु सभी लोग
चाहे धनी या गरीब हों—
उन्हें खूब चाहते
इसीलिए पहाड़ी चढ़ान की
अँधेरी ऊँचाई पर
घुँघरू बजाते हुए बढ़ते हैं
बढ़ते अटक-अटक

थके हुए बैल ये हमारे
विरुद्ध दिशा में तब
सड़कों की बढ़ती हैं लकीरें
गाड़ी के तले में।

एक ओर
भयानक खड्ड और
एक मील नीचे का अँधियारा गहरा
जुगनुओं के नील ज्योति-बिंदुओं से चमकता
डर जाते हम भी खुद
गिरने के खतरे से!!
जितनी ऊँचाई हो
अधःपात उतना ही सहज है
परिचित भी राह हो
अँधेरी ऊँचाई में
लगती अपरिचित
इस वक्त किंतु हम थके हुए परेशान
आज यहाँ लेटे हैं टीले पर एक ओर
पेड़-बँधे बैल मस्त करते हैं जुगाली
सोच रहे हम यहाँ
गति की प्रगति—कठिनाइयाँ
क्या करें हमारे विचार तब
पहाड़ों से आप-ही-आप उठ खड़े होते हैं
आसमान लिपट जाता सहसा
शिखर की उच्चता हमारे खयालों का मुकुट पहनती
क्योंकि दुर्घटना
अँधेरी ऊँचाई के मोड़ पर
अवश्य होती-सी लगती है
और बैलगाड़ी के पहिये भी बहुत बार
ठीक यहीं टूटते

होती है डाकेज़नी
चढ़ान अँधेरी पर
इसीलिए रायफलें सँभाले
सावधान चलते हैं
चलना ही पड़ता है
क्या करें।
जीवन के तथ्यों के
सामान्यीकरणों का
करना ही पड़ता हमें असामान्यीकरण

दोस्त, अब क्या करें
क्या बताएँ
चढ़ान की जिंदगी
बहुत खूब होती है
सुदूर नील कुहरे का धुँधलापन ओढ़े हुए
आसमानी रंग का गिरि-रूप
धारण किए
भाव-विचार ये
उतने ही धुँधले-से मनोरम अस्पष्ट
कुहरीले नीलाभ
मनोहर आकर्षक
उतने ही ठोस किंतु
उतने ही दृढ़ और
उतने वस्तु-सत्य-रूप हैं
माना कि चलन नहीं पर्वत-प्रतीकों का
पहाड़ी चढ़ान पर
खतरे की जिंदगी
खूबसूरत होती है
साहस की जिंदगी (क्या करें!)
होती है रोमैंटिक

इसी बैलगाड़ी में प्रतिपल
खाते हुए दचके
कंधों पर पट्टे कारतूस के
हाथों में रायफल के बावजूद
साहस की जिंदगी होती है रोमैंटिक
भय और शंका व आतंक
हममें भी निश्चित
क्योंकि यहाँ गिरोह डाकुओं के अकस्मात्
प्रगति को रोकते हैं
और हमें
गेहूँ ले जाना है मंडी में जल्दी-से-जल्दी
कि जहाँ से सब जगह देश में
बँटने के लिए वह
रेल-मालगाड़ी में तुरत भरा जाएगा।

इसमें शक नहीं कि
भय और शंका व आतंक
तुममें भी!!
मूल्यों के गिरने से भय-खाए
तुम लोग
चिंता में रत हो
चिंतन में रत हो
वचन-प्रवचन में रत हो
तुम्हारा ही शोर है
फिर तुम क्या हो!!
करते तुम क्या हो!! वही गुटबाजी है!!
(बेचैनी दिमाग में)
स्वयं के आंतरिक
उलझे हुए गणित के आँकड़े
रचित पुनर्रचित होते हैं

अनेक नमूनों में
क्योंकि वह प्रश्न ही
गलत तरीके से किया गया प्रस्तुत
अतः न होगा हल
दुःख तो यही है कि तुम्हें भय ! !
किससे भय ?
सुविदित रूप से नहीं ज्ञात
सुस्पष्ट रूप से नहीं पहचानते हो ।
बुरे का, बुराई का चेहरा
इसलिए घृणा न कर सकोगे
पर्याप्त
अस्पष्ट शंका है धुँधला है आतंक
इसीलिए एवजी स्थानापन्न
बहुतेरे कारण
लगा लिए खोज लिए जाते हैं
गिरफ्तार चूहा ज्यों भागता है लगातार
पिंजरे की चक्रव्यूह गलियों में बेचैन
(बाहर भाग सकने की बुद्धि ही नहीं है)
यही एक मौलिकता
व इस मौलिक वेदना में खुश वह
अंधा वह संवेदन मुक्ति की खोज का

हम इसमें खुश हैं कि मुक्ति की तुम्हें खोज
विचार तुम्हारे सूक्ष्म
बिजली के बल्ब प्रतीकों में बँधते हैं
बँधने तो
तुम भी लड़ते हो
सुना है कि तुम भी खूब
शहरों के लुच्चों से करते हो दो-दो हाथ
डाकुओं से हम भी तो लड़ते हैं

ताजी कटी फसलों का नाज
बचाने को
किंतु तुम जड़ और ठस हमें कहते हो
क्योंकि हम सिपाही
क्योंकि हम गाड़ीवान
और तुम शहराती नुक्कड़ के काफ़े में
बताना न चाहते पहचान

इसमें क्या दोष है कि
प्रगति-भविष्य के पथ पर
रहते हैं तारे साथ
लिपटा ही रहता है आसमान
चिपका ही रहता है अंतरिक्ष
खेलती ही रहती हैं बालों से हवाएँ
गाड़ी पर सविनोद
पास बैठ जाते हैं
फड़फड़ाते हुए पंख
गरुड़ हमारे साथ
ईगल हैं सहचर
बादल बदलते हैं नाना रूप
साथ-साथ चलते-से लगते हैं।
किंतु तुम असफलता, कमजोरी हमारी
हृदय के भीतर की जेब की नोटबुक में
जरूर आँक लेते हो!!
गलत कारण गलत सूत्र,
गलत स्रोत प्रस्तुत करते हुए
सिद्ध करना चाहते हो
कि हम बिलकुल गलत हैं
हमारा चलना गलत
गलत अस्तित्व ही!!

हम साफ कह दें कि
असल में यह है कि नागवार
गुजरता है तुमको कि हम लोग
निरंतर युद्धमान
जीवन के शास्त्र और शस्त्र हैं
ऐतिहासिक दृष्टि हैं, अस्त्र हैं
क्योंकि हम
देखते हैं अनिवार्य
मृत्यु उस सभ्यता की
जिसका तुम जाने-अनजाने नित
करते हो समर्थन!!
इसीलिए तुम हमें
सबसे बड़े शत्रु समझते हो!!
क्षमा करो, तुम मेरे बंधु और मित्र हो
इसीलिए सबसे अधिक दुःखदायी
भयानक शत्रु हो।

एक भूतपूर्व विद्रोही का आत्म-कथन

दुःख तुम्हें भी है,
दुःख मुझे भी।
हम एक ढहे हुए मकान के नीचे
दबे हैं।
चीख निकलना भी मुश्किल है,
असंभव…
हिलना भी।

भयानक है बड़े-बड़े ढेरों की
पहाड़ियों-नीचे दबे रहना और
महसूस करते जाना
पसली की टूटी हुई हड्डी।
भयंकर है! छाती पर वजन टीलों
का रखे हुए
ऊपर के जड़ीभूत दबाव से दबा हुआ
अपना स्पंद
अनुभूत करते जाना,
दौड़ती रुकती हुई धुकधुकी
महसूस करते जाना भीषण है।
भयंकर है।
वाह क्या तजुर्बा है!!
छाती में गड्ढा है!!

पुराना मकान था, ढहना था, ढह गया,
बुरा क्या हुआ?
बड़े-बड़े दृढ़ाकार दंभवान
खंभे वे ढह पड़े!!
जड़ीभूत परतों में; अवश्य, हम दब गए।
हम उनमें रह गए,
बुरा हुआ, बहुत बुरा हुआ!!
पृथ्वी के पेट में घुसकर जब
पृथ्वी के हृदय की गरमी के द्वारा सब
मिट्टी के ढेर ये चट्टान बन जाएँगे
तो उन चट्टानों की
आंतरिक परतों की सतहों में
चित्र उभर आएँगे
हमारे चेहरे के, तन-बदन के, शरीर के,
अंतर की तसवीरें उभर आएँगी, संभवतः,

यही एक आशा है कि
मिट्टी के अँधेरे उन
इतिहास-स्तरों में तब
हमारा भी चिह्न रह जाएगा।
नाम नहीं,
कीर्ति नहीं,
केवल अवशेष, पृथ्वी के खोदे हुए गड्ढों में
रहस्यमय पुरुषों के पंजर और
जंग-खाई नोकों के अस्त्र!!
स्वयं की जिंदगी फ़ॉसिल कभी
नहीं रही,
क्योंकि हम बाग़ी थे,
उस वक्त,
जब रास्ता कहाँ था?
दीखता नहीं था कोई पथ।
अब तो रास्ते-ही-रास्ते हैं!!
मुक्ति के राजदूत सस्ते हैं।

क्योंकि हम बागी थे,
आखिर, बुरा क्या हुआ?
पुराना महल था,
ढहना था, ढह गया।
वह चिड़िया,
उसका वह घोंसला...
न जाने कहाँ दब गया।
अँधेरे छेदों में चूहे भी मर गए,
हमने तो भविष्य
पहले कह रखा था कि—
केंचुली उतारता साँप दब जाएगा अकस्मात्,
हमने तो भविष्य पहले कह रखा था।

लेकिन अनसुनी की लोगों ने ! !
वैसे, चूँकि
हम दब गए, इसलिए
दुःख तुम्हें भी है,
मुझे भी।

नक्षीदार कलात्मक कमरे भी ढह पड़े,
जहाँ एक ज़माने में
चूमे गए होंठ,
छाती जकड़ी गई आवेशालिंगन में।
पुरानी भीतों की बास मिली हुई
एक महक
तुम्हारे चुंबन की
और उस कहानी का अंगारी-अंग-स्पर्श
गया, मृत हुआ !
हम एक ढहे हुए
मकान के नीचे दबे पड़े हैं।
हमने पहले कह रखा था महल गिर
जाएगा।
खूबसूरत कमरों में कई बार,
हमारी आँखों के सामने,
हमारे विद्रोह के बावजूद,
बलात्कार किए गए
नक्षीदार कक्षों में।
भोले निर्व्याज नयन हिरनी-से
मासूम चेहरे
निर्दोष तन-बदन
दैत्यों की बाँहों के शिकंजों में
इतने अधिक
इतने अधिक जकड़े गए

कि जकड़े ही जाने के
सिकुड़ते हुए घेरे में वे तन-मन
दबते-पिघलते हुए एक भाफ बन गए।
एक कुहरे की मेह,
एक धूमैला भूत,
एक देहहीन पुकार,
कमरे के भीतर और इर्द-गिर्द
चक्कर लगाने लगी।
आत्म-चैतन्य के प्रकाश
भूत बन गए।
भूत-बाधा-ग्रस्त
कमरों को अंध-श्याम साँय-साँय
हमने बताई तो
दंड हमीं को मिला,
बागी करार दिए गए,
चाँटा हमीं को पड़ा,
बंद तहखाने में—कुओं में फेंके गए
हमीं लोग!!
क्योंकि हमें ज्ञान था,
ज्ञान अपराध बना।
महल के दूसरे
और-और कमरों में कई रहस्य—
तकिये के नीचे पिस्तौल,
गुप्त ड्रॉअर
गद्दियों के अंदर छिपाए-सिए गए
खून-रँगे पत्र, महत्त्वपूर्ण!!
अजीब कुछ फोटो!!
रहस्य-पुरुष छायाएँ
लिखती हैं
इतिहास इस महल का।

अजीब संयुक्त परिवार है—
औरतें व नौकर और मेहनतकश
अपने ही वक्ष को
खुरदरा वृक्ष-धड़
मानकर घिसती हैं, घिसते हैं
अपनी ही छाती पर जबर्दस्ती
विष-दंती भावों का सर्प-मुख।
विद्रोही भावों का नाग-मुख
रक्तप्लुत होता है!
नाग जकड़ लेता है बाँहों को,
किंतु वे रेखाएँ मस्तक पर
स्वयं नाग होती हैं!
चेहरे के स्वयं भाव सरी-सृप होते हैं,
आँखों में जहर का नशा रंग लाता है।
बहुएँ मुँडेरों से कूद अरे!
आत्महत्या करती हैं!!
ऐसा मकान यदि ढह पड़ा,
हवेली गिर पड़ी
महल धराशायी, तो
बुरा क्या हुआ?
ठीक है कि हम भी तो दब गए,
हम जो विरोधी थे
कुओं-तहखानों में कैद-बंद,
लेकिन, हम इसलिए
मरे कि जरूरत से
ज्यादा नहीं, बहुत-बहुत कम
हम बाग़ी थे!!

मेरे साथ
खँडहर में दबी हुई अन्य धुकधुकियो,

सोचो तो
कि स्पंद अब···
पीड़ाभरा उत्तरदायित्व भार हो चला,
कोशिश करो,
कोशिश करो,
जीने की,
जमीन में गड़कर भी।

इतने भीम जड़ीभूत
टीलों के नीचे हम दबे हैं,
फिर भी जी रहे हैं।
सृष्टि का चमत्कार!!
चमत्कार प्रकृति का ज़रा और फैलाएँ।
सभी कुछ ठोस नहीं खँडरों में।
हजारों छेद, करोड़ों रंध्र,
जिनमें से छन-छनकर
पवन भी आता है।
ऐसा क्यों?
हवा ऐसा क्यों करती है?
ऑक्सीजन
नाक से
पी लें खूब, पी लें!

आवाज़ आती है,
सातवें आसमान में कहीं दूर
इंद्र के ढह पड़े महल के खँडहर को
बिजली की गेतियाँ व फावड़े
खोद-खोद
ढेर दूर कर रहे।
कहीं से फिर एक

आती आवाज़–
'कई ढेर बिलकुल साफ हो चुके',
और तभी–
किसी अन्य गंभीर उदात्त
आवाज ने
चिल्लाकर घोषित किया–
'प्राथमिक शाला के
बच्चों के लिए एक
खुला-खुला, धूपभरा साफ़-साफ़
खेल-कूद-मैदान सपाट अपार–
यों बनाया जाएगा कि
पता भी न चलेगा कि
कभी महल था यहाँ भगवान् इंद्र का।'

हम यहाँ जमीन के नीचे दबे हुए हैं
गड़ी हुई अन्य धुकधुकियो,
खुश रहो
इसी में कि
वक्षों में तुम्हारे अब
बच्चे ये खेलेंगे।
छाती की मटमैली जमीनी सतहों पर
मैदान, धूप व खुली-खुली हवा खूब
हँसेगी व खेलेगी।
किलकारी भरेंगे ये बालगण।

लेकिन, दबी धुकधुकियो,
सोचो तो कि
अपनी ही आँखों के सामने
खूब हम खेत रहे!
खूब काम आए हम!!

आँखों के भीतर की आँखों में डूब-डूब
फैल गए हम लोग !
आत्म-विस्तार यह
बेकार नहीं जाएगा।
जमीन में गड़ी हुई देहों की ख़ाक से
शरीर की मिट्टी से, धूल से
खिलेंगे गुलाबी फूल।
सही है कि हम पहचाने नहीं जाएँगे।
दुनिया के नाम कमाने के लिए
कभी कोई फूल नहीं खिलता है
हृदयानुभव-राग अरुण
गुलाबी फूल, प्रकृति के गंध-कोष
काश, हम बन सकें !

एक अंतर्कथा

अग्नि के काष्ठ
खोजती माँ,
बीनती नित्य सूखे डंठल
सूखी टहनी, रूखी डालें
घूमती सभ्यता के जंगल
वह मेरी माँ
खोजती अग्नि के अधिष्ठान

मुझमें दुविधा,
पर, माँ की आज्ञा से समिधा

एकत्र कर रहा हूँ;
मैं हर टहनी में डंठल में
एक-एक स्वप्न देखता हुआ
पहचान रहा प्रत्येक
जतन से जमा रहा
टोकरी उठा, मैं चला जा रहा हूँ

टोकरी उठाना⋯चलन नहीं
वह फैशन के विपरीत–
इसलिए निगाहें बचा-बचा
आड़े-तिरछे चलता हूँ मैं
संकुचित और भयभीत

अजीब-सी टोकरी
कि उसमें प्राणवान् माया⋯
गहरी कीमिया
सहज उभरी फैली सँवरी
डंठल-टहनी की कठिन साँवली रेखाएँ
आपस में लग यों गुँथ जातीं
मानो अक्षर नवसाक्षर खेतिहर के-से
वे बेढब वाक्य फुसफुसाते
टोकरी विवर में से स्वर आते दबे-दबे
मानो कलरव गा उठता हो धीमे-धीमे
अथवा मनोज्ञ शत रंग-बिरंगी विहंग गाते हों

आगे-आगे माँ
पीछे मैं;
उसकी दृढ़ पीठ ज़रा-सी झुक
चुन लेती डंठल, पल-भर रुक
वह जीर्ण-नील-वस्त्रा

है अस्थि-दृढ़ा
गतिमती व्यक्तिमत्ता
कर रहा अध्ययन मैं उसकी मज़बूती का
उसके जीवन से लगे हुए
वर्षा-गरमी-सरदी और क्षुधा-तृषा के वर्षों से
मैं पूछ रहा—
टोकरी-विवर में पक्षी-स्वर
कलरव क्यों है
माँ कहती—
'सूखी टहनी की अग्नि-क्षमता
ही गाती है पक्षी स्वर में
वह बंद आग है खुलने को।'
मैं पाता हूँ
कोमल कोयल अतिशय प्राचीन
व अति नवीन
स्वर में पुकारती है मुझको
टोकरी-विवर के भीतर से।
पथ पर ही मेरे पैर थिरक उठते
कोमल लय में।
मैं साश्रुनयन, रोमांचित तन; प्रकाशमय मन।
उपमाएँ उद्घाटित-वक्षा मृदु स्नेहमुखी
एक-टक देखतीं मुझको—
प्रियतर मुसकातीं…
मूल्यांकन करते एक-दूसरे का
हम एक-दूसरे को सँवारते जाते हैं
वे जगत्-समीक्षा करते-से
मेरे प्रतीक रूपक सपने फैलाते हैं
आगामी के।
दरवाजे दुनिया के सारे खुल जाते हैं
प्यार के साँवले किस्सों की उदास गलियाँ

गंभीर-करुण मुसकराहट में
अपना उर का सब भेद खोलती हैं।
अनजाने हाथ मित्रता के
मेरे हाथों में पहुँच ऊष्मा भरते हैं
मैं अपनों से घिर उठता हूँ
मैं विचरण करता-सा हूँ एक फैंटेसी में
यह निश्चित है कि फैंटेसी कल वास्तव होगी।
मेरा तो सिर फिर जाता है
औ' मस्तक में
ब्रह्मांड दीप्ति-सी घिर उठती
रवि-किरण-बिंदु आँखों में स्थिर हो जाता है।

सपने से जगकर पाता हूँ सामने वही
बरगद के तने-सरीखी वह अत्यंत कठिन
दृढ़ पीठ अग्रयायी माँ की
युग-युग अनुभव का नेतृत्व
आगे-आगे,
मैं अनुगत हूँ।
वह एक गिरस्तिन आत्मा
मेरी माँ
मैं चिल्लाकर पूछता—
कि यह सब क्या
कि कौन-सी माया यह!
मुड़कर के मेरी ओर सहज मुसका
वह कहती है—
'आधुनिक सभ्यता के वन में
व्यक्तित्व-वृक्ष सुविधावादी।
कोमल-कोमल टहनियाँ मर गईं अनुभव-मर्मों की
यह निरुपयोग के फलस्वरूप हो गया।
अंतर्जीवन के मूल्यवान जो संवेदन

उनका विवेकसंगत प्रयोग हो सका नहीं
कल्याणमयी करुणाएँ फेंकी गईं
रास्ते पर कचरे-जैसी,
मैं चीन्ह रही उनको।
जो गहन अग्नि के अधिष्ठान
हैं प्राणवान्
मैं बीन रही उनको
देख तो
उन्हें सभ्यताभिरुचिवश छोड़ा जाता है
उनसे मुँह मोड़ा जाता है
दम नहीं किसी में
उनको दुर्दम करे
अनलोपम स्वर्णिम करे।
घर के बाहर आँगन में मैं सुलगाऊँगी
दुनियाभर को उनका प्रकाश दिखलाऊँगी।'

यह कह माँ मुसकाई,
तब समझा
हम दो
क्यों
भटका करते हैं, बेगानों की तरह, रास्तों पर।
मिल नहीं किसी से पाते हैं
अंतस्थ हमारे प्ररयितृ अनुभव
जम नहीं किसी से पाते हम
फिट नहीं किसी से होते हैं
मानो असंग की ओर यात्रा असंग की।
वे लोग बहुत जो ऊपर-ऊपर चढ़ते हैं
हम नीचे-नीचे गिरते हैं
तब हम पाते वीथी सुसंगमय ऊष्मामय।
हम हैं समाज की तलछट, केवल इसीलिए

हमको सर्वोज्ज्वल परंपरा चाहिए।
माँ परंपरा-निर्मिति के हित
खोजती जिंदगी के कचरे में भी
ज्ञानात्मक संवेदन
पर, रखती उनका भार कठिन मेरे सिर पर

अजीब अनुभव है
सिर पर के टोकरी-विवर में मानव-शिशु
वह कोई सद्योजात
मृदुल-कर्कश स्वर में
रो रहा;
सच, प्यार उमड़ आता उस पर
पर, प्रतिपालन-दायित्व भार से घबराकर
मैं तो विवेक खो रहा
वह शिकायतों से भरा बाल-स्वर मँडराता
प्रिय बालक दुर्भर, दुर्धर है—यह मैं विचारता कतराता
झखमार, झींक औ' प्यार गुँथ रहे आपस में
वह सिर पर चढ़ रो रहा, नहीं मेरे बस में
बढ़ रहा बोझ। वह मानव-शिशु
भारी-भारी हो रहा।

वह कौन ? कि सहसा प्रश्न कौंधता अंतर में—
'वह है मानव-परंपरा'
चिंघाड़ता हुआ उत्तर यह,
'सुन, कालिदास का कुमारसंभव वह।'
मेरी आँखों में अश्रु और अभिमान
किसी कारण
अंतर के भीतर पिघलती हुई हिमालयी चट्टान
किसी कारण;
तब एक क्षण-भर

मेरे कंधों पर खड़ा हुआ है देव एक दुर्धर
थामता नभस् दो हाथों से
भारान्वित मेरी पीठ बहुत झुकती जाती
वह कुचल रही है मुझे देव-आकृति ।
है दर्द बहुत रीढ़ में
पसलियाँ पिरा रहीं
पाँव में जम रहा खून
द्रोह करता है मन
मैं जनमा जब से इस साले ने कष्ट दिया
उल्लू का पट्ठा कंधे पर है खड़ा हुआ ।
कि इतने में
गंभीर मुझे आदेश—
कि बिलकुल जमे रहो ।
तुम दाँव अड़ाओ, तने रहो ।
मैं अपने कंधे क्रमशः सीधे करता हूँ
तन गई पीठ
और स्कंध नभोगामी होते
इतने ऊँचे हो जाते हैं,
मैं एकाकार हो गया-सा देवाकृति से ।
नभ मेरे हाथों पर आता
मैं उल्का-फूल फेंकता मधुर चंद्रमुख पर
मेरी छाया गिरती है दूर नेब्युला में ।
बस, तभी तलब लगती है बीड़ी पीने की ।
मैं पूर्वाकृति में आ जाता,
बस, चाय एक कप मुझे गरम कोई दे दे
ऐसी-तैसी उस गौरव की
जो छीन चले मेरी सुविधा
मित्रों से गप करने का मजा और ही है ।
ये गरम चिलचिलाती सड़कें
सौ बरस जिएँ

मैं परिभ्रमण करता जाऊँगा जीवन-भर
मैं जिप्सी हूँ।

दिल को ठोकर
वह विकृत आईना मन का सहसा टूट गया
जिसमें या तो चेहरा दिखता था बहुत बड़ा
फूला-फूला
या अकस्मात् विकलांग व छोटा-छोटा-सा
सिट्टी गुम है,
नाड़ी ठंडी।
देखता हूँ कि माँ व्यंग्यस्मित मुसकरा रही
डाँटती हुई कहती है वह—
'तब देव बिना अब जिप्सी भी,
केवल जीवन-कर्त्तव्यों का
पालन न हो सके इसीलिए
निज को बहकाया करता है।
चल इधर, बीन रूखी टहनी
सूखी डालें,
भूरे डंठल,
पहचान अग्नि के अधिष्ठान
जा पहुँचा स्वयं के मित्रों में
कर ग्रहण अग्नि-भिक्षा
लोगों से पड़ोसियों से मिल।'
चिलचिला रही सड़कें व धूल है चेहरे पर
चिलचिला रहा बेशर्म दलिद्दर भीतर का
पर, सेमल का ऊँचा-ऊँचा वह पेड़ रुचिर
संपन्न लाल फूलों को लेकर खड़ा हुआ
रक्तिमा प्रकाशित करता-सा
वह गहन प्रेम
उसका कपास रेशम-कोमल।
मैं उसे देख जीवन पर मुग्ध हो रहा हूँ!

अंतःकरण का आयतन

अंतःकरण का आयतन संक्षिप्त है,
आत्मीयता के योग्य
मैं सचमुच नहीं!
पर, क्या करूँ,
यह छाँह मेरी सर्वगामी है!
हवाओं में अकेली साँवली बेचैन उड़ती है
कि श्यामल-अंचला के हाथ में
तब लाल कोमल फूल होता है
चमकता है अँधेरे में
प्रदीपित द्वंद्व-चेतस् एक
सत्-चित्-वेदना का फूल

उसको ले
न जाने कहाँ किन-किन साँकलों को
खटखटाती वह;
नहीं इनकारवाले द्वार खुलते, किंतु
उन सोते हुओं के गूढ़ सपनों में
परस्पर-विरोधों का उर-विदारक शोर होता है!
विचित्र प्रतीक गुँथ जाते,
(अनिवार्य-सा भवितव्य) नीलाकाश
नीचे और नीचे उतरता आता
उस नीलाभ छत से शीश टकराता
कि सिर से खून,
चेहरा रक्त-धाराओंभरा,
भीऽषण

उजाड़ प्रकाश सपने में
कि वे जाग पड़ते हैं
तुरत ही, गहन चिंताक्रांत होकर सोचने लगते
कि बेबीलौन सचमुच नष्ट होगा क्या ?
प्रतिष्ठित राज्य-संस्कृति के प्रभावी दृश्य
सुंदर सभ्यता के तुंग स्वर्ण-कलश
सब आदर्श
उनके भाष्यकर्ता ज्ञानवान् महर्षि
ज्योतिर्विद्, गणितशास्त्री, विचारक, कवि,
सभी वे याद आते हैं।
प्रतापी सूर्य हैं वे सब प्रखर जाज्वल्य
पर, यह क्या
अँधेरे स्याह धब्बे सूर्य के भीतर बहुत विकराल
धब्बों के अँधेरे विवर-तल में से
उभरकर उमड़कर दल बाँध
उड़ते आ रहे हैं गिद्ध
पृथ्वी पर झपटते हैं !
निकालेंगे नुकीली चोंच से आँखें,
कि खाएँगे हमारी दृष्टियाँ ही वे !
मन में ग्लानि,
गहन विरक्ति, मितली के बुरे चक्कर
भयानक क्षोभ
पीली धूल के बेदम बगूले, और
गंदे कागजों का मुन्सिपल कचरा !!
कि मेरी छाँह, उनको पारकर, भूरे पहाड़ों पर
अचानक खड़ी स्तब्ध
उसके गहन चिंतनशील नेत्रों में
विदारक क्षोभमय संतप्त जीवन-दृश्य
मैदानी प्रसारों पर क्रमागत तिर रहे-से हैं।
जहाँ भी डालती वह दृष्टि,

संवेदन-रुधिर-रेखा-रँगी तसवीर तिर आती
गगन में, भूमि पर, सर्वत्र दिखते हैं
तड़प मरते हुए प्रतिबिंब
जग उठते हुए द्युति-बिंब
दोनों की परस्पर-गँथन
या उलझाव लहरीला
व उस उलझाव में गहरे,
बदलते जगत् का चेहरा !!

मेरी छाँह सागर-तरंगों पर भागती जाती,
दिशाओं पार, हलके पाँव।
नाना देश-दृश्यों में
अजाने प्रियतरों का मौन चरण-स्पर्श,
वक्ष-स्पर्श करती मुग्ध
घर में घूमती उनके,
लगाती लैंप, उनकी लौ बड़ी करती।
व अपने प्रियतरों के उजलते मुख को
मधुर एकांत में पाकर,
किन्हीं संवेदनात्मक ज्ञान-अनुभव के
स्वयं के फूल—ताजे पारिजात—प्रदान करती है;
अचानक मुग्ध आलिंगन,
मनोहर बात, चर्चा, वाद और विवाद
उनका अनुभवात्मक ज्ञान-संवेदन
समूची चेतना की आग
पीती है।
मनोहर दृश्य प्रस्तुत यों—
गहन आत्मीय सघनच्छाय
भव्याशय अँधेरे वृक्ष के नीचे
सुगंधित अकेलेपन में,
खड़ी हैं नीलतन दो चंद्र-रेखाएँ

स्वयं की चेतनाओं को मिलाती हैं
उनसे भभककर सहसा निकलती आग,
या निष्कर्ष
जिनको देखकर, अनुभूत कर, दोनों चमत्कृत हैं
अँधेरे औ' उजाले के भयानक द्वंद्व
की सारी व्यथा जीकर
गुँथन-उलझाव के नक्शे बनाने,
भयंकर बात मुँह से निकल आती है।
भयंकर बात स्वयं प्रसूत होती है।
तिमिर के समय झरता है;
व उसके गिर रहे एक-एक कण से
चिनगियों का दल निकलता है!!
अँधेरे वृक्ष में से गहन आभ्यंतर
सुगंधें भभक उठती हैं
कि तन-मन में निराली फैलती ऊष्मा
व उन पर चंद्र की लपटें मनोहर फैल जाती हैं।
कि मेरी छाँह
अपनी बाँह फैलाती
व अपने प्रियतरों के ऊष्म-श्वस् व्यक्तित्व
की दुर्दांत
उन्मद बिजलियों में वह
अनेकों बिजलियों से खेल जाती है,
व उनके नेत्रों को दीखते परिदृश्य में
वह मुग्ध होकर फैल जाती है,
जगत्-संदर्भ अपने स्वयं के सर्वत्र फैलाती
अपने प्रियतरों के स्वप्न, उनके विचारों की वेदना जीकर,
व्यथित अंगार बनती है;
हिलगकर, सौ लगावों से भरी,
मृदु झाइयों की थरथरी
उतरती है खदानों के अँधेरे में

वह और अगले स्वप्न का विस्तार बनती है।
कि वह तो भटकती रहती
व ज्यादा स्याह होती है
हृदय में वह किसी के सुलगती रहती
उलझकर, मुक्तिकामी श्याम गहरी भीड़ में चलती
उतरकर, आत्मा के स्याह घेरे में
अचानक दृप्त हस्तक्षेप करती है
सिखाती सीखती रहती,
परखती, बहस करती और ढोती बोझ
मेहनत से,
ज़मीनें साफ करती है,
दिवालों की दरारें पूरती-भरती,
व सीती फटे कपड़े, दिल रफू करती,
किन्हीं प्राणांचलों पर वह कसीदा काढ़ती रहती
स्वयं की आत्मा की फूल-पत्ती के नमूने का!!

अजाने रास्तों पर रोज
मेरी छाँह यूँ ही भटकती रहती
किसी श्यामल उदासी के कपोलों पर अटकती है
अँधेरे में, उजाले में,
कुहा के नील कुहर और पाले में,
व खड्डों-खाइयों में घाटियों पर या पहाड़ों के कगारों पर
        किसी को बाँह में भर, चूमकर, लिपटा
हृदय में विश्व-चेतस् अग्नि देती है
कि जिससे जाग उठती हैं
समूची आत्म-संविद्, ऊष्म-श्वस् गहराइयाँ,
गहराइयों से आग उठती है!!

मैं देखता क्या हूँ कि—
पृथ्वी के प्रसारों पर

जहाँ भी स्नेह या संगर,
वहाँ पर एक मेरी छटपटाहट है,
वहाँ है जोर गहरा एक मेरा भी;
सतत मेरी उपस्थिति, नित्य-सन्निधि है।
एक मेरा भी वहाँ पर प्राण-प्रतिनिधि है
अनुज, अग्रज, मित्र
कोई आत्म-छाया-चित्र!!
धरती के विकासी द्वंद्व-क्रम में एक मेरा छटपटाता वक्ष,
स्नेहाश्लेष या संगर कहीं भी हो
कि धरती के विकासी द्वंद्व-क्रम में एक मेरा पक्ष,
मेरा पक्ष, निःसंदेह!!

यह जनपथ,
यहाँ से गुजरते हैं फूल चेहरों के
लिए आलोक आँखों में।
स्वयं की दूरियाँ, सब फासले लेकर
गुजरते चमकते तारे।
लिए रातें अँधेरी,
गुजरती हैं ढिबरियाँ, टिमटिम
सुबह गरमी लिए जाती खुद अपनी
आईने-सी साफ दोपहरी,
हँसी, किलकारियाँ
रंगीन मस्त किनारियाँ,
वे झाइयाँ आत्मीय,
वे परछाइयाँ काली बहुत उद्विग्न,
श्यामल खाइयाँ गंभीर।
मुझको तो समूचा दृश्य धरती की सतह से उठ,
नवल आकाश के प्रत्यक्ष मार्गों-सेतुओं
पर चल रहा दिखता
व उस आकाश में से बरसते मुझ पर

सुगंधित रंग-निर्झर और
छाती भीग जाती है, व आँखों में
उसी की रंग-लौ कोमल चमकती-सी
कि इतने में
भयानक बात होती है
हृदय में घोर दुर्घटना
अचानक एक काला स्याह चेहरा प्रकट होता है
विकट हँसता हुआ।
अध्यक्ष वह
मेरी अँधेरी खाइयों में
कार्यरत कमजोरियों के छलभरे षड्यंत्र का
केंद्रीय संचालक
किसी अज्ञात गोपन कक्ष में
मुझको अजंता की गुफाओं में हमेशा क़ैद रखता है
क्या इसलिए ही कर्म तक मैं लड़खड़ाता पहुँच पाता हूँ?

सामना करने
निपीड़क आत्मचिंता से
अकेले में गया मन, और
वह एकेक कमरा खोल भीतर धँस रहा हर बार
लगता है कि ये कमरे नहीं हैं ठीक
कमरे हैं नहीं ये ठीक,
इन सुनसान भीतों पर
लगे जो आईने उनमें
स्वयं का मुख
जगत् के बिंब
दिखते ही नहीं...
जो दीखता है वह
विकृत प्रतिबिंब हैं उद्भ्रांत
ऐसा क्यों?

उन्हें क्योंकर न साफ़ किया गया?
कमरे न क्यों खोले गए?
आश्चर्य है!
ये आईने किस काम के
जिसमें अँधेरा डूबता!!
सबकी पुनर्रचना न क्यों कर की गई?

इतने में कहीं से आ रहा है पास
कोई जादुई संगीत-स्वर-आलाप
आता पास और प्रकाश बनता-सा
कि स्वर वे रश्मियों में हो रहे परिणत
व उनसे किरण-वाक्यावलि–
सहस्रों पीढ़ियों ने विश्व का
रमणीयतम जो स्वप्न देखा था
वही,
हाँ, वही
बिलकुल, सामने, प्रत्यक्ष है!!
मैं देखता क्या हूँ,
अँधेरे आईनों में सिर उठाती है
प्रतेजस-आनना
प्रतिभामयी मुख-लालिमा
तेजस्विनी लावण्य-श्री
प्रत्यक्ष,
बिलकुल सामने!!
(शायद, शमा कोई अचानक मुसकराई थी)
कई फ़ानूस, भीतर, रंग-बिरंगे झलमला उठते
गहन संवेदनाओं के···
आश्चर्य,
क्योंकर दूसरे ही क्षण
अचानक एक ठंडा स्पर्श कंधे पर

हृदय यह थरथरा उठता!!
कि काला लबादा ओढ़े
बराबर, सामने, प्रत्यक्ष कोई
स्याह परदे से ढँका चेहरा
सुरीली किंतु है आवाज
यद्यपि चीखते-से शब्द—
'मुझसे भागते क्यों हो,
सुकोमल काल्पनिक तल पर,
नहीं है द्वंद्व का उत्तर
तुम्हारी स्वप्न-वीथी कर सकेगी क्या।
बिना संहार के, सर्जन असंभव है;
समन्वय झूठ है,
सब सूर्य फूटेंगे
व उनके केंद्र टूटेंगे
उड़ेंगे खंड
बिखरेंगे गहन ब्रह्मांड में सर्वत्र
उनके नाश में तुम योग दो!!'

आँखें देखती रहतीं,
हृदय यह स्तब्ध है,
कौन है जो सामने है, क्षुब्ध!!
सहसा किसी उद्वेग से
मैं झपटता,
उस घोर आकृति पर भयानक टूट पड़ता हूँ!
व उसका आवरण ऊपर उठाकर फेंक देता हूँ,
कि मैं आतंक-हत
जी धक्
व जड़, निर्वाक्!!
वह तो है, वही है, हाँ वही बिलकुल,
प्रतेजस-आनना

लावण्य-श्री मित्र-स्मिता
जिसने अँधेरे आईने में सिर उठाया था
व हलके मुसकराया था
व मेरा जी हिलाया था!!
सहस्रों पीढ़ियों ने विश्व का
रमणीयतम
जो स्वप्न देखा था
वही, बिलकुल वही।
स्वप्न के आवेश में यह जी
सुकोमल चाँदनी की मंद नीली श्री
क्षितिज पर देख,
फसलों के महकते सुनहले फैलाव
में ही चला जाता है
व आँखों में चमकती चाँद की लपटें
हृदय में से
निकलती आम्र-तरु-मधु-मंजरी की गंध।
इतने में सुनहला एक गोरा झौंर
सहसा तोड़ लेता हूँ
अचानक देखता क्या हूँ
हर एक बाली में सुकोमल फूल में प्रत्यक्ष
तेजस्-स्मित धरती और मानव के समन्वय से
प्रभामय मुख
अरे किसका अरे किसका
प्रिय जनों का!! सहचरों का वह
कि उसको देख
गोरा झौंर
वापस लगा देता जमा देता डाल पर सुस्थित
व वे मुख मुसकराते हैं
कि जादू है
व मैं इस जादुई षड्यंत्र में फँसता गया।

पर, हाय !
मुझको तोड़ने की बुरी आदत है
कि क्या उत्पीड़कों के वर्ग से होगी न मेरी मुक्ति ! !

इतने में वही रमणीयतम
मृदु मूर्ति
धीमे मुसकराती है
व मुझको, और गहरे और गहरे,
जान जाती है
व किरनें सब जगह यों फैल जाती हैं
कि मैं लज्जित
भयानक रूप से
विद्रूप मैं सचमुच ! !
कि इतने में
अचानक कान में फिर से
नभोमय भूमिमय लहरा रहा-सा
गंधमय संगीत
मानो गा रहा कोई पुरुष
आकाश के नीचे
खुले बेछोर क्षिप्रा कूल पर उन्मुक्त
लेकिन विरोधात्मक चेतना मेरी
उसी क्षण सुन रही है
श्याम संध्याकाल मंदिर-आरती-आलाप-वेला में
भयानक श्वानदल का ऊर्ध्व क्रंदन
वह उदासी की ऊँचाई पर चढ़ा लहरा रहा रोना
सुन रहा हूँ आज दोनों को
कि है आश्चर्य ! !
यह भी खूब ।
जिस सौंदर्य को मैं खोजता फिरता रहा दिन-रात
वह काला लबादा ओढ़

पीछे पड़ गया था रात-दिन मेरे

कि अब सब प्रश्न जीवन के
मुझे लगते
कि मानो रक्त-तारा चमचमाता हो
कि मंगल-लोक
हमको बुलाता हो
        साहसिक यात्रा-पथों पर और
मेरा हृदय दृढ़ होकर धड़कता है
कि मैं तो एक आयुध
मात्र साधन
प्रेम का वाहन
तुम्हारे द्वार पर आया हुआ मैं अस्त्र-सज्जित रथ
मेरे चक्र दोनों अग्र गति के लिए व्याकुल हैं
व मेरी प्राण-आसंदी तुम्हारी प्रतीक्षा में है
यहाँ बैठो, विराजो,
        आत्मा के मृदुल आसन पर
हृदय के, बुद्धि के ये अश्व तुमको ले उड़ेंगे और
शैल-शिखरों की चढ़ानों पर बसी ठंडी हवाओं में
व उसके पार
गुरु-गंभीर मेघों की चमकती लहर-पीठों पर
व उसके भी परे, आगे व ऊँचे,
स्वर्ण उल्का-क्षेत्रों में रथ
        तुम्हें ले जाएगा ! !
नक्षत्र-तारक-ज्योति-लोकों में घुमा ले जाएगा सर्वत्र ।
रथ के यंत्र सब मज़बूत हैं ।
उन प्रश्न-लोकों में यहाँ की बोलियाँ
तुमको बुलाती हैं
कि उनको ध्यान से सुन लो ।

मुझे क़दम-क़दम पर

मुझे क़दम-क़दम पर
        चौराहे मिलते हैं
        बाँहें फैलाए!!

एक पैर रखता हूँ
कि सौ राहें फूटतीं,
व मैं उन सब पर से गुज़रना चाहता हूँ;
बहुत अच्छे लगते हैं
उनके तजुर्बे और अपने सपने...
        सब सच्चे लगते हैं;
अजीब-सी अकुलाहट दिल में उभरती है,
मैं कुछ गहरे में उतरना चाहता हूँ,
जाने क्या मिल जाए!!

मुझे भ्रम होता है कि प्रत्येक पत्थर में
चमकता हीरा है;
हर-एक छाती में आत्मा अधीरा है,
प्रत्येक सुस्मित में विमल सदानीरा है,
मुझे भ्रम होता है कि प्रत्येक वाणी में
महाकाव्य-पीड़ा है,
पलभर मैं सबमें से गुजरना चाहता हूँ,
प्रत्येक उर में से तिर आना चाहता हूँ,
इस तरह ख़ुद ही को दिए-दिए फिरता हूँ,
अजीब है ज़िंदगी!!
बेवक़ूफ़ बनने की ख़ातिर ही
सब तरफ़ अपने को लिए-लिए फिरता हूँ;

और यह देख-देख बड़ा मज़ा आता है
कि मैं ठगा जाता हूँ...
हृदय में मेरे ही,
प्रसन्न-चित्त एक मूर्ख बैठा है
हँस-हँसकर अश्रुपूर्ण, मत्त हुआ जाता है,
कि जगत्...स्वायत्त हुआ जाता है।

कहानियाँ लेकर और
मुझको कुछ देकर ये चौराहे फैलते
जहाँ ज़रा खड़े होकर
बातें कुछ करता हूँ...
...उपन्यास मिल जाते।

दु:ख की कथाएँ, तरह-तरह की शिकायतें
अहंकार-विश्लेषण, चारित्रिक आख्यान,
ज़माने के जानदार सूरे व आयतें
सुनने को मिलती हैं!

कविताएँ मुसकरा लाग-डाँट करती हैं
प्यार बात करती हैं।
मरने और जीने की जलती हुई सीढ़ियाँ
श्रद्धाएँ चढ़ती हैं!!

घबराए प्रतीक और मुसकाते रूप-चित्र
लेकर मैं घर पर जब लौटता...
उपमाएँ, द्वार पर आते ही कहती हैं कि
सौ बरस और तुम्हें
जीना ही चाहिए।

घर पर भी, पग-पग पर चौराहे मिलते हैं,
बाँहें फैलाए रोज़ मिलती हैं सौ राहें,
शाखा-प्रशाखाएँ निकलती रहती हैं,
नव-नवीन रूप-दृश्यवाले सौ-सौ विषय
रोज-रोज मिलते हैं···
और, मैं सोच रहा कि
जीवन में आज के
लेखक की कठिनाई यह नहीं कि
कमी है विषयों की
वरन् यह कि आधिक्य उनका ही
उसको सताता है,
और, वह ठीक चुनाव कर नहीं पाता है!!

एक अरूप शून्य के प्रति

रात और दिन
तुम्हारे दो कान हैं लंबे-चौड़े
एक बिलकुल सियाह
दूसरा क़तई सफ़ेद।
हर दस घंटे में
करवट एक बदलते हो।

एक-न-एक कान
ढाँकता है आसमान
और इस तरह ज़माने के शुरू से
आसमानी शीशे के पलँग पर सोए हो।

धरती की चीख़ों के शब्द
पंखदार कीड़ों से बेचैन
तुम्हारे कानों के बालों पर बैठते
भिनभिनाते चक्कर काटते ।
अटूट है लेकिन नींद,
खुली-आँख लगातार नींद ।
        आँखें ?
धुँधला-सा 'नेब्यूला' ! !
एक-एक आँख में लाल-लाल पुतलियाँ
        पुतलियाँ कैसी ?
बुलबुलों की भाँति जो बनती-बिगड़ती हैं
        फिर उठ बैठती हैं ! !
इसीलिए कोटि-कोटि कनीनिकाओं के बावजूद
        कुछ नहीं दीखता;
एक-एक पुतली में लाख-लाख दृष्टियाँ
        असंख्य दृष्टिकोण
        बनते बिगड़ते ! !
इसीलिए, तुम सर्वज्ञ हो नींद में ।

फिर भी, यशस्काय दिक्काल-सम्राट्,
तुम कुछ नहीं हो, फिर भी हो सबकुछ ! !
काल्पनिक योग्यता की पूँछ के बालों को काटकर
होठों पर मूँछ लटका रखी है ! !
ओ नट-नायक
सारे जगत् पर रौब तुम्हारा है ! !
तुमसे जो इनकार करेगा
        वह मार खाएगा
और, उस मूँछ के
        हवाई बाल जब
बल खाते, धरती पर लहरते,

मँडराते चेहरों पर हमारे
तो उनके चुभते हुए खुरदुरे परस से
खरोंच उभरती है लाल-लाल
और, हम कहते हैं कि
        नैतिक अनुभूति
        हमें कष्ट देती है
बिलकुल झूठी है सठियायी
कीर्ति यह तुम्हारी।

पर, तुम भी खूब हो,
देखो तो—
प्रतिपल तुम्हारा ही नाम जपती हुई
लार टपकाती हुई आत्मा की कुतिया
स्वार्थ-सफलता के पहाड़ी ढाल पर
चढ़ती है हाँफती,
आत्मा की कुतिया
राह का हर कोई कुत्ता जिसे छेड़ता है, छेंकता
लेकिन, तुम ख़ूब हो
सूनेपन के डोह में अँधियारी डूब हो।

मात्र अनस्तित्व का इतना बड़ा अस्तित्व
ऐसे घुप्प अँधेरे का इतना तेज उजाला,
लोग-बाग
अनाकार ब्रह्म के सीमाहीन शून्य के
बुलबुले में यात्रा करते हुए गोल-गोल
गोल-गोल
खोजते हैं जाने क्या ?
बेछोर सिफ़र के अँधेरे में बिला-बत्ती सफ़र
        भी खूब है।

और तुम भी ख़ूब हो,
दोनों ओर पैर फँसा रक्खे हैं,
राम और रावण को ख़ूब खुश,
ख़ूब हँसा रक्खा है।
सृजन के घर में तुम
मनोहर शक्तिशाली
विश्वात्मक फैंटेसी
दुर्जनों के भवन में

प्रचंड शौर्यवान् अंट-संट वरदान!!
खूब रंगदारी है,
तुम्हारी नीति बड़ी प्यारी है।
विपरीत दोनों दूर छोरों द्वारा पुजकर
स्वर्ग के पुल पर
चुंगी के नाकेदार
भ्रष्टाचारी मजिस्ट्रेट, रिश्वतख़ोर थानेदार!!

ओ रे, निराकार शून्य!
महान् विशेषताएँ मेरे सब जनों की
तूने उधार ले
निज को सँवार लिया
निज को अशेष किया
यशस्काय बन गया चिरंतन तिरोहित
यशोरूप रह गया सर्वत्र आविर्भूत।

सई साँझ
कदंब वृक्ष पास
मंदिर-चबूतरे पर बैठकर
जब कभी देखता हूँ तुझको
मुझे याद आते हैं

भयभीत आँखों के हंस
व घावभरे कबूतर
मुझे याद आते हैं मेरे लोग
उनके सब हृदय-रोग,
घुप्प अँधेरे घर,
पीली-पीली चिता के अंगारों-जैसे पर,
मुझे याद आती भगवान् राम की शबरी,
मुझे याद आती है लाल-लाल जलती हुई ढिबरी
मुझे याद आता है मेरा प्यारा-प्यारा देश,
लाल-लाल सुनहला आवेश।
अंधा हूँ
खुदा के बंदों का बंदा हूँ बावला
परंतु कभी-कभी अनंत सौंदर्य संध्या में शंका के
काले-काले मेघ-सा,
काटे हुए गणित की तिर्यक् रेखा-सा
सरी-सृप-स्रक्-सा।
मेरे इस साँवले चेहरे पर कीचड़ के धब्बे हैं,
दाग हैं,
और इस फैली हुई हथेली पर जलती हुई आग है
अग्नि-विवेक की।
नहीं, नहीं, वह तो है ज्वलंत सरसिज!!
जिंदगी के दलदल-कीचड़ में धँसकर
वक्ष तक पानी में फँसकर
मैं वह कमल तोड़ लाया हूँ–
भीतर से, इसीलिए, गीला हूँ
पंक से आवृत,
स्वयं में घनीभूत
मुझे तेरी बिलकुल जरूरत नहीं है।

मैं तुम लोगों से दूर हूँ

मैं तुम लोगों से इतना दूर हूँ
तुम्हारी प्रेरणाओं से मेरी प्रेरणा इतनी भिन्न है
कि जो तुम्हारे लिए विष है, मेरे लिए अन्न है।

मेरी असंग स्थिति में चलता-फिरता साथ है,
अकेले में साहचर्य का हाथ है,
उनका जो तुम्हारे द्वारा गर्हित हैं
किंतु वे मेरी व्याकुल आत्मा में बिंबित हैं, पुरस्कृत हैं
इसीलिए, तुम्हारा मुझ पर सतत आघात है!!
सबके सामने और अकेले में।
(मेरे रक्तभरे महाकाव्यों के पन्ने उड़ते हैं
तुम्हारे-हमारे इस सारे झमेले में)

असफलता का धूल-कचरा ओढ़े हूँ
इसलिए कि वह चक्करदार ज़ीनों पर मिलती है
छल-छद्म धन के
किंतु मैं सीधी-सादी पटरी-पटरी दौड़ा हूँ
जीवन की।
फिर भी, मैं अपनी सार्थकता में खिन्न हूँ
निज से अप्रसन्न हूँ
इसलिए कि जो है उससे बेहतर चाहिए
पूरी दुनिया साफ करने के लिए मेहतर चाहिए
वह मेहतर मैं हो नहीं पाता
पर, रोज कोई भीतर चिल्लाता है
कि कोई काम बुरा नहीं
बशर्ते कि आदमी खरा हो
फिर भी मैं उस ओर अपने को ढो नहीं पाता।

रेफ्रीजरेटरों, विटैमिनों, रेडियोग्रैमों के बाहर की
गतियों की दुनिया में
मेरी वह भूखी बच्ची मुनिया है शून्यों में
पेटों की आँतों में न्यूनों की पीड़ा है
छाती के कोषों में रहितों की व्रीड़ा है

शून्यों से घिरी हुई पीड़ा ही सत्य है
शेष सब अवास्तव अयथार्थ मिथ्या है भ्रम है
सत्य केवल एक जो कि
दुःखों का क्रम है।

मैं कनफटा हूँ हेठा हूँ
शेव्रलेट-डॉज के नीचे मैं लेटा हूँ
तेलिया लिबास में पुरज़े सुधारता हूँ
तुम्हारी आज्ञाएँ ढोता हूँ।

मेरे लोग

अ
जिंदगी की कोख में जनमा
नया इस्पात
दिल के ख़ून में रँगकर
आ
तुम्हारे शब्द मेरे शब्द
मानव-देह धारणकर
असंख्यक स्त्री-पुरुष-बालक

बने, जग में, भटकते हैं,
कहीं जनमे
नए इस्पात को पाने।
झुलसते जा रहे हैं आग में
या मुँद रहे हैं धूल-धक्कड़ में।
किसी की खोज है उनको,
किसी नेतृत्व की।

इ

पीली धुमैली पसलियों के पंजरोंवाली
उदासी से पुती गायें
भयानक तड़फड़ाती ठठरियों की
आत्मवश स्थितप्रज्ञ कपिलाएँ
उपेक्षित काल-पीड़ित सत्य के समुदाय
या गो-यूथ
लेकर वे
घुसे ही जा रहे हैं
ब्रास्सिए के बस्टवाली उन दूकानों के पास
काफ़े की निकटवर्ती सड़क पर,
चमचमाती खूबसूरत शान के नायलान भभ्भड़ में।

ई

दुतरफा पेड़वाली रम्य किंग्ज़वे में
कि एलगिन रोड नुक्कड़ पर
खरोंचें-मारते-सी घिस-रहे-सी
सौ खुरों की खरखराती शब्द-गति
सुनकर
खड़े ही रह गए हैं लोग।
उनमें सैकड़ों विस्मित,
कई निस्तब्ध

कुछ भयभीत, जाने क्यों
समूचे दृश्य से मुँह मोड़ यह कहते—
'हटाओ ध्यान, हमसे वास्ता क्या है ?
कि वे दुःस्वप्न-आकृतियाँ
असद् हैं, घोर मिथ्या हैं ! !'
दलिद्दर के शनिश्चर का
भयानक प्रॉपगैंडा है ! !
खुरों के खरखराते खुरचते पद-शब्द-स्वर-समुदाय
सुनकर,
दौड़कर उन ओटलों पर
द्वार-देहली, गैलरी पर,
खिड़कियों में या छतों पर
जो इकट्ठा हैं
गिरस्तिन मौन माँ-बहनें
सड़क पर देखती हैं
भाव-मंथर, काल-पीड़ित ठठरियों की श्याम गो-यात्रा
उदासी से रँगे गंभीर मुरझाए हुए प्यारे
गऊ-चेहरे।
निरखकर
पिघल उठता मन ! !
रुलाई गुप्त कमरे में हृदय के उमड़ती-सी है।
नहीं आए समझ में सत्य जो शिक्षित
सुसंस्कृत बुद्धिमानों दृष्टिमानों के
उन्हें वे हैं कि मन-ही-मन
सहज पहचान लेतीं ! !
मग्न होकर ध्यान करती हैं कि
अपने बालकों को छातियों से और चिपकातीं।
भोले भाव की करुणा बहुत ही क्रांतिकारी सिद्ध होती है।

उ

उपेक्षित काल-पीड़ित सत्य के समुदाय
लेकर साथ
मेरे लोग
असंख्य स्त्री-पुरुष-बालक भटकते हैं
किसी की खोज है उनको।
अटकना चाहते हैं द्वार-देहली पर किसी के किंतु
मीलों दूरियों के डैश खिंचते हैं
अँधेरी खाइयों के मुँह बगासी जोर से लेकर
यूँ ही बस देख
अनपहचानती आँखों–
खुले रहते।

ऊ

गंदी बस्तियों के पास, नाले पार
बरगद है
उसी के श्याम तल में वे
रँभाती हैं कई गायें।
कि पत्थर-ईंट के चूल्हे सुलगते हैं।
फुदकते हैं वहीं दो-चार
बिखरे बालवाले बालकों के श्याम गंदे तन
व लोहे की बनी स्त्री-पुरुष आकृतियाँ
दलिद्दर के भयानक देवता के भव्य चेहरे वे
चमकते धूप में!!
मुझको है भयानक ग्लानि
निज के श्वेत वस्त्रों पर
स्वयं की शील-शिक्षा सत्य-दीक्षा के
निरोधी अस्त्र-शस्त्रों पर
कि नगरों के सुसंस्कृत सौम्य चैहरों से
उचटता मन

उतारूँ आवरण–
                यह साफ गहरा दूधिया कुरता
                व चूने की सफेदी में चिलकते-से सभी कपड़े निकालूँगा।
किसी ने दूर से मुझको पुकारा है।

ए

गंदी बस्तियों के पास, नाले पार
गुमटी एक,
जिसके तंग कमरे में
ज़रा-सा पुस्तकालय वाचनालय है।
पहुँचता हूँ। अचानक ग्रंथ
कोई खोलता ही हूँ कि
पृष्ठों के हृदय में से
उभरते काँपते हैं वायलिन के स्वर
सहज गुँजारती झनकार
गहरे स्नेह-सी।
मीठी सघन विस्तृत भरमती गूँज
जिसकी सांद्र ध्वनि में से
सुकोमल रश्मियों के पुंज!!
तेजोद्‌भास
मन खुलता, स्वयं की ग्रंथियाँ खुलतीं!!

ऐ

कि इतने में फटी-सी अन्य पुस्तक
खोलता-सा हूँ कि
पृष्ठों के जिगर में से
भयानक डाँट
कोई भव्य विश्वात्मक तडित् आघात
सहसा बोध होता है
उभरता क्रोध निःस्वात्मक

सहज तनकर गरजता
ज़िंदगी की कोख में जनमा
नया इस्पात
दिल के खून में रँगकर ! !
तुम्हारे स्वर कहाँ हैं,
ओ ! !

पता नहीं…

1

पता नहीं, कब, कौन, कहाँ, किस ओर मिले,
किस साँझ मिले, किस सुबह मिले ! !
यह राह ज़िंदगी की
जिससे जिस जगह मिले
है ठीक वहीं, बस वहीं अहाते मेहँदी के
जिनके भीतर
है कोई घर
बाहर प्रसन्न पीली कनेर
बरगद ऊँचा, ज़मीन गीली
मन जिन्हें देख कल्पना करेगा जाने क्या ! !
तब बैठ एक
गंभीर वृक्ष के तले
टटोलो मन, जिससे जिस छोर मिले,
कर अपने-अपने तप्त अनुभवों की तुलना
घुलना मिलना !!

2

यह सही है कि चिलचिला रहे फ़ासले,
तेज़ दुपहर भूरी
सब ओर गरम धार-सा रेंगता चला
काल बाँका-तिरछा;
पर, हाथ तुम्हारे में जब भी मित्र का हाथ
फैलेगी बरगद-छाँह वहीं
गहरी-गहरी सपनीली-सी
जिसमें खुलकर सामने दिखेगी उरस्-स्पृशा
स्वर्गीय उषा
लाखों आँखों से, गहरी अंतःकरण तृषा
तुमको निहारती बैठेगी
आत्मीय और इतनी प्रसन्न,
मानव के प्रति, मानव के
जी की पुकार
जितनी अनन्य !
लाखों आँखों से तुम्हें देखती बैठेगी
वह भव्य तृषा
इतने समीप
ज्यों लालीभरा पास बैठा हो आसमान
आँचल फैला,
अपनेपन की प्रकाश-वर्षा
में रुधिर-स्नात हँसता समुद्र
अपनी गंभीरता के विरुद्ध चंचल होगा ।

3

मुख है कि मात्र आँखें हैं वे आलोकभरी,
जो सतत तुम्हारी थाह लिए होतीं गहरी,
इतनी गहरी

कि तुम्हारी थाहों में अजीब हलचल,
मानो अनजाने रत्नों की
अनपहचानी-सी चोरी में
धर लिए गए,
निज में बसने, कस लिए गए।

4

तब तुम्हें लगेगा अकस्मात्
....

ले प्रतिभाओं का सार, स्फुलिंगों का समूह
सबके मन का
जो एक बना है अग्नि-व्यूह
अंतस्तल में,
उस पर जो छाई हैं ठंडी
प्रस्तर-सतहें
सहसा काँपीं, तड़कीं, टूटीं
औ' भीतर का वह ज्वलत् कोष
ही निकल पड़ा !!
उत्कलित हुआ प्रज्वलित कमल !!
यह कैसी घटना है...
कि स्वप्न की रचना है।
उस कमल-कोष के पराग-स्तर
पर खड़ा हुआ
सहसा होता है प्रकट एक
वह शक्ति-पुरुष
जो दोनों हाथों आसमान थामता हुआ
आता समीप अत्यंत निकट
आतुर उत्कट
तुमको कंधे पर बिठला ले जाने किस ओर
न जाने कहाँ व कितनी दूर !!

फिर वही यात्रा सुदूर की,
फिर वही भटकती हुई खोज भरपूर की,
कि वही आत्मचेतस् अंत:संभावना,
...जाने किन खतरों में जूझे जिंदगी !!

5

अपनी धकधक
में दर्दीले फैले-फैलेपन की मिठास,
या नि:स्वात्मक विकास का युग
जिसकी मानव-गति को सुनकर
तुम दौड़ोगे प्रत्येक व्यक्ति के
        चरण-तले जनपथ बनकर !!
वे आस्थाएँ तुमको दरिद्र करवाएँगी
कि दैन्य ही भोगोगे
पर, तुम अनन्य होगे,
        प्रसन्न होगे !!
आत्मीय एक छवि तुम्हें नित्य भटकाएगी
जिस जगह, जहाँ जो छोर मिले
ले जाएगी...
...पता नहीं, कब, कौन, कहाँ, किस ओर मिले।

चाँद का मुँह टेढ़ा है

1

नगर के बीचोबीच
आधी रात—अँधेरे की काली स्याह

शिलाओं से बनी हुई दिवालों के घेरों पर,
अहातों के काँच-टुकड़े-जंमे-हुए
ऊँचे-ऊँचे कंधों पर, सिरों पर
चाँदनी की फैली हुई सँवलाई झालरें।
कारखाना-अहाते के उस पार
कलमुँही चिमनियों के मीनार
उद्गार-चिह्नाकार।
मीनारों के बीचोबीच चाँद का है टेढ़ा मुँह
लटका,
मेरे दिल में खटका–
कहीं कोई चीख, कहीं बहुत बुरा हाल रे!!

अजीब है!!
गगन में करफ़्यू,
धरती पर चुपचाप जहरीली छीः थूः,
पीपल के सुनसान घोंसलों में पैठे हैं
कारतूस-छर्रे
जिससे कि हवेली में
हवाओं के पल्लू भी सिहरे।
गंजे-सिर चाँद की सँवलाई किरनों के जासूस
साम-सूम नगर में धीरे-धीरे घूम-घाम
नगर के कोनों के तिकोनों में छुपे हुए
करते हैं महसूस
गलियों की हाय-हाय!!
चाँद की कनखियों की किरनों ने
नगर छान डाला है।
अँधेरे को आड़े-तिरछे काटकर
पीली-पीली पट्टियाँ बिछा दीं,
समय काला-काला है।

समीप विशालाकार अँधियाले ताल पर
सूनेपन की स्याही में डूबी हुई
चाँदनी भी सँवलाई हुई है।

शहर के बड़े-बड़े पुलों के
महराबों-नीचे बहुत नीचे उन
सिमटी हुई डरी हुई
बस्तियों के सुनसान उदास किनारों से लगकर
बहते-अटकते हुए
झरते-अटकते हुए
पथरीले नालों की काली-काली धार में
धराशायी चाँदनी के होंठ काले पड़ गए।
हरिजन-बस्ती में, मंदिर के पास एक
कबीठ के धड़ पर,
मटमैले छप्परों पर,
बरगद की ऐंठी हुई उभरी हुई जड़ पर
कुहासे के भूतों के लटके
चूनर के चिथरे
अँगिया व घाघरे, फटी हुई चादरें
अटक गई जिनमें एक
व्यभिचारी टकटकी
गंजे सिर, टेढ़े-मुँह चाँद की ही कंजी आँख।

बारह का वक्त है,
भुसभुसे उजाले का फुसफुसाता षड्यंत्र,
जमाना भी सख्त है।

पुराने-धुराने इस अजीब-से रास्ते के मोड़ पर
बरगद की घनघोर शाखाओं की गठियल
अजगरी मेहराब—
मरे हुए ज़मानों की

संगठित छायाओं में बसी हुई
सड़ी-बुसी बास लिए
फैली है रास्ते के मुहाने पर चुपचाप।
लोगों के आने में जाने में चुपचाप
अजगरी कमानी से गिरती है टिपटिप
फड़फड़ाते पक्षियों की बीट—
मानो समय की बीट हो।
गगन में करफ़्यू,
वृक्षों पर बैठे हुए पक्षियों पर करफ़्यू,
धरती पर चारों ओर ज़हरीली छीः थूः।

बरगद की डाल एक
सड़क के एक ओर लटकती है इस तरह
मानो कि आदमी के जनम के बहुत-बहुत पहले,
पृथ्वी की छाती पर
जंगली मैमथ की सूँड़ सूँघ रही हो
हवा के लहरीले सिफ़रों को आज भी।
(घिरी हुई विपदा के घेरे-सी)
बरगद की घनी-घनी छाँव में
(फूटी हुई चूड़ियों की सूनी-सूनी कलाई-सी)
सूनी-सूनी गलियों में,
गरीबों के ठाँव में—
चौराहे पर खड़ा हुआ
भैरों का सिंदूरी महाकार
जिसके कि गेरुए खुरदुरे चेहरे पर जोरदार
पथरीले व्यंग्य का चमकदार स्मित,
देखता है—चाँद की गुप्तचर-नीति।
तजुर्बों का ताबूत ज़िंदा यह बरगद
जानता है गलियों की ताकत।
वह देख रहा है—

भैरों की चट्टानी पीठ पर
और उसके पैरों-तले
पत्थरी सतहों पर जमी हुई ईंट पर
भभकते हैं नीले-नीले बड़े-बड़े अक्षर।

सामने है अँधियाला ताल और
स्याह उसी ताल पर
सँवलाई चाँदनी।
समय का घंटाघर,
निराकार घंटाघर,
गगन में चुपचाप अनाकार खड़ा है···
किंतु, बताते हैं
ज़िंदगी के काँटे
कितनी रात बीत गई।

चप्पलों की छप-छप
रास्ते के मुहाने से अजीब-सी आवाज़,
फुसफुसाते हुए शब्द
जंगल की डालों से गुज़र रही है हवाओं की सर-सर
गली को ज्यों कह जाए
इशारों के मतलब।
हवाओं की लहरों के आकार
(किन्हीं ब्रह्मराक्षसों के निराकार अनाकार)
मानो बहस छेड़ दें
बहस जैसे बढ़ जाए
निर्णय पर चली आए
वैसे, शब्द बार-बार
गलियों की आत्मा में
बोलते हैं एकाएक
अँधेरे के पेट में से

ज्वालाओं की आँत बाहर निकल आए
वैसे, अरे, शब्दों की धार एक
बिजली की टॉर्च की रोशनी की मार एक
बरगद के खुरदुरे अजगरी तने पर
फूल गई अकस्मात् ।
बरगद के खुरदुरे अजगरी तने को
छूने लगे कसे हुए मज़बूत हाथ दो ।
इन्हें देख लगता है मानो कि दिल में
छुपी हुई बातों ने सहसा
अँधेरे से बाहर आ
भुजाएँ पसारी हों ।
फैल गए हाथ दो
चिपक गए लंबे-चौड़े पोस्टर
बाँके-तिरछे वर्ण और
लाल-नीले घनघोर
हड़ताली अक्षर !!

इन्हीं हलचलों के ही कारण तो सहसा
बरगद में पले हुए पंखों की डरी हुई
चौंकी हुई अजीब-सी गंदी-सी फड़-फड़ ।
काँव-काँव करते हुए पक्षियों के जमघट
अँधेरे की आत्मा से करते हुए शिकायत
उड़ने लगे अकस्मात्
(अँधेरे के हृदय में संदेही शंकाओं के आघात)

मद्धिम चाँदनी में एकाएक एकाएक
खपरलों पर ठहर गई
बिल्ली एक चुपचाप
रजनी के निजी गुप्तचरों की प्रतिनिधि
पूँछ उठाए वह,

जंगली तेज़
कंजी
आँख
फैलाए
यमदूत-पुत्री-सी
(सभी देह स्याह, पर
पंजे सिर्फ़ श्वेत और
खून टपकाते हुए नाखून)
देखती है मार्जार
चिपकाता कौन है
मकानों की पीठ पर
अहातों की भीत पर
बरगद की अजगरी डालों के फंदों पर
अँधेरे के कंधों पर
चिपकाता कौन है
चिपकाता कौन है
हड़ताली पोस्टर
बाँके-तिरछे वर्ण और
लंबे-चौड़े घनघोर
लाल-नीले भयंकर
हड़ताली पोस्टर !!

टेढ़े मुँह चाँद की ऐयारी रोशनी भी खूब है।
लोहे के गज़ोंवाली जाली के झरोखों के इस पार
लिपे हुए कमरे में
काली-काली धारियों के पीले-पीले बड़े-बड़े चौकोन
जेल के कपड़े-सी फैली है चाँदनी
जेल सुझाती हुई तिलिस्मी रोशनी।

उसी वक्त
अँधियाले ताल पर
काले घिने पंखों की बार-बार
लहरों के मँडराते विस्तार।
मानो अहं के अवरुद्ध
अपावन अशुद्ध घेरे में घिरे हुए
नपुंसक चिंताओं की स्वार्थभरी रफ़्तार !!
वह चिमगादड़-दल
भटकता है प्यासा-सा
बुद्धि की आँखों में
स्वार्थों का सीसा-सा

बरगद को किंतु सब इतिहास पता था।
कोलतारी सड़क पर खड़े हुए सर्वोच्च
गाँधी की मूर्ति पर
बैठे हुए आँखों के दो चक्र
यानी कि घुग्घू एक···
उसी तरह थोड़े-से फ़ासले पर
ठीक उसके सामने,
तिलक के पुतले पर बैठा एक घुग्घू।
दोनों में ज़ोरदार बहस और बातचीत।
गाँधी के सिर पर बैठे उलूक ने
कहना शुरू किया—
"···मसान में···
मैंने भी सिद्धि की
देखो, मूँठ मार दी
मनुष्यों पर इस तरह···"

तिलक के पुतले पर बैठे हुए घुग्घू ने
देखा कि सचमुच भयानक लाल मूँठ

काले आसमान में तिर रही,
किसी लाल दीये-सी, काली-काली
हवाओं में तैर रही
धीरे-धीरे जा रही,
उसे देख, बहुत-बहुत प्रभावित
हुआ वह, उसने कहा—"वाह-वाह,
रात के जहाँपनाह,
इसीलिए आजकल
दिन के उजाले में भी अँधेरे की साख है
इसीलिए संस्कृति के मुख पर
मनुष्यों की अस्थियों की राख है
ज़माने के चेहरे पर
ग़रीबों की छातियों की ख़ाक है ! !
वाह-वाह ! !"
पी गया आसमान
अँधियाली सचाइयाँ घोंट के,
मनुष्यों के मारने के ख़ूब हैं ये टोटके ।

गगन में करफ़्यू
धरती पर चारों ओर ज़हरीली छीः थूः
अँधियाले मकानों से निकलती है
ठंडी गहरी हाय-हाय
एक चाँटा जड़ती है वीरानी की साँय-साँय
लेकिन, उस सराफ़े में अभी भी है भीड़-भाड़
बिजली के बूदम
खंभों पर लटके हुए मद्धिम
दिमाग़ में धुंध है ।
सट्टे की चिता है हृदय-विनाशिनी
आसमान-स्याही की कड़ाही से एकाएक
सड़कों पर फैल गई

सत्यों की मिठाई की चाशनी।

टेढ़े मुँह चाँद की ऐयारी रोशनी
बड़े पुल-मेहराबों के ठीक नीचे बैठकर
चोरों-सी उचक्कों-सी चली चलती कहीं पर
नालों और झरनों के
किनारे-किनारे चल,
पानी पर झुके हुए पेड़ों के नीचे बैठ,
रात-बेरात किसी शिकार में लगी है
आवारा शोहदों-सी चाँदनी।

चाँदनी
सड़कों के पिछवाड़े टूटे-फूटे दृश्यों में
स्पृश्यों-अस्पृश्यों में
गंदगी के काले-से नाले के झाग पर
बदमस्त कल्पना-सी फैली थी रात-भर
सेक्स के कष्टों के कवियों के काम-सी।

किंग्सवे में मशहूर ज़िंदगी रात की
सड़कों का श्रीमान फिरंगी ईमान
सुगंधित किरनों में
फहराता है हृदय का कामाकुल सुनसान
रंगीन चमकती चीज़ों के सुरभित
स्पर्शों में पुलकित
शीशों की सुविशाल झाँइयों में उद्दीप्त
चाँदनी दिल की
खूबसूरत अमरीकी मैगजीन पृष्ठों-सी
खुली थी,
अधनंगी तनिमा के ओष्ठों-सी
खुली थी,

सफेद अंडरवेअर-सी, ब्रेसिए-सी,
आधुनिक प्रतीकों में पली थी
नंगी-सी नारियों के उघरे हुए अंगों के
विभिन्न पोज़ों में लेटी थी चाँदनी।
करफ़्यू कहीं नहीं यहाँ··· !!
पसंदगी···संदली !!
किंग्सवे में मशहूर रात की है जिंदगी।

अजी, यह चाँदनी भी बड़ी मसखरी है
तिमंज़िले की एक
खिड़की में बिल्ली के सफेद धब्बे-सी
चमकती हुई वह
समेटकर हाथ-पाँव, किसी की ताक में
चुपचाप बैठी है।
धीरे-से उतरती है रास्तों पर
चढ़ती है छतों पर
गैलरी में घूम और खपरैलों पर चढ़कर
पेड़ों की शाखों की सहायता से आँगन में उतरकर
कमरों के हलके पाँव देखती है, खोजती है
जाने क्या ?
सड़कों के पेड़ों के गुंबदों पर चढ़कर
महल उलाँघकर, मुहल्ले पारकर
गलियों की गुहाओं में दबे-पाँव खुफिया सुराग में
गुप्तचरी ताक में लगातार खोजती है
वह कौन
कंधों पर अँधेरे के चिपकाता कौन है
भड़कीले पोस्टर,
लंबे-चौड़े वर्ण और
बाँके-तिरछे घनघोर
लाल-नीले अक्षर !!

कोलतारी सड़क के बीचोबीच खड़ी हुई
गाँधी की मूर्ति पर बैठे हुए घुग्घू ने
एकाएक गला फाड़ गाना शुरू किया
हिचकी की ताल पर,
दुनिया की साँसों ने तब
मर जाना शुरू किया ! !
टेलीफोन-खंभों पर थमे हुए तारों ने
सट्टे के ट्रंक-काल-सुर में
भर्राना और झनझनाना शुरू किया
काला स्याह कनटोप पहने हुए
आसमान बाबा ने
संकट पहचान
राम-राम-राम गुनगुनाना शुरू किया।
सचाई के अधजले मुर्दों की सुनसान
चिताओं की अधफूटी दहक में (अकस्मात्)
थरथरा उठते हैं पेड़ों पर प्रकाश के चिथड़े
बिंब-क्षेप करते हैं
अफसोसभरे गहरे दुखड़े
जिन्हें देख, जिन्हें सुन
किन्हीं अति-संस्कृत भूतों के गोल-गोल
मटकों-से चेहरों ने
नम्रता के घिघियाते स्वर में
दुनिया को हाथ जोड़
कहना शुरू किया—
"बुद्ध के स्तूप में
मानव के सपने
गड़ गए, गाड़े गए ! !
ईसा के पंख सब
झड़ गए झाड़े गए
सत्य की देवदासी-अँगिया

उतारी गई
उघारी गई
सपनों की आँतें सब
चीरी गईं, फाड़ी गईं,
बाकी सब खोल है
ज़िंदगी में झोल है''

एकाएक गलियों का सिंदूरी महाकार
भैरों का विकराल, खतरनाक ठहाका
जिससे कि अकस्मात्
चाँदनी के चेहरे पर धूल का परदा
गलियों की भूरी खाक
हवाओं में लहराने लगी यों
कि और-और पगलाई
और-और नंगी हुई चाँदनी।

2

अँधियाले ताल के उस पार
नगर निहारता-सा खड़ा है पहाड़ एक
लोहे की नभचुंबी शिला का चबूतरा
लोहांगी कहाता है।
जिसके भव्य शीर्ष पर
बड़ा भारी खँडहर।
खँडहर-ध्वंसों में बड़ा भारी पेड़ एक
जिसके घने तने एक
लिक्खे हैं प्रेमियों ने नाम प्रेमिकाओं के,
लोहांगी में शहर से बहती हुई हवाएँ
दरख़्त में घुसकर
पत्तों से कहती हैं
फुसफुसाती कहती हैं

नगर की व्यथाएँ, समाजों की कथाएँ
मोर्चों की तड़प और मकानों में मोर्चे
मीटिंगों के मर्म-राग
अँगारों से भरी हुई प्राणों की गर्म राख़।

उस समय,
गलियों की थाहों में बसी हुई छायाएँ
हिलीं कुछ
मद्धिम चाँदनी में कोई चल पड़ी दो
श्याम आकृतियाँ
भैरों के सिंदूरी भयावने मुख पर
छरहरी झाइयाँ।
अँधेरे की थाहों में छुपे हुए प्रश्नों की थर-थर
आधी-पहचानी आधी-अनजानी चिंता
सहसा उभरकर, पसरकर, चढ़कर
गगन-कंगूरों पर
बेकाबू चाँदनी के थरथराते पल्ले-सी उड़ती है
गुप्त विकलता
ज़िंदगी की अकुलाई थाहों के अंचल
उड़ते हैं हवा में।
गलियों के आगे बढ़,
बगल में लिए कुछ
मोटे-मोटे काग़ज़ों का पुलिंदा,
लटकाए हाथ में
डिब्बा एक टीन का,
डिब्बे में धरे हुए लंबी-सी कूँची एक,
नंगे पैर ज़माना
कहता—
'मै पेंटर।'
शहर है साथ-साथ

कहता–
'मैं कारीगर'
कहता है कारीगर
बरगद की गोल-गोल
हड्डियों की पत्तेदार
उलझनों के ढाँचे में
लटकाओ पोस्टर
गलियों के अलमस्त
फ़कीरों के लहरदार
गीतों के तानों में फहराओ
चिपकाओ पोस्टर।

मजे में आते हुए पेंटर ने हँसकर
कारीगर से कहा तब–
'हाँ, सही-सही जगह
पोस्टर लगे हैं।
तड़के ही मज़दूर
पढ़ेंगे ध्यान से
रास्ते में खड़े-खड़े लोग-बाग
पढ़ेंगे ज़िंदगी की झल्लाई हुई आग!!
प्यारे भाई! कारीगर,
अगर खींच सकूँ मैं–
हड़ताली पोस्टर पढ़ते हुए लोगों की तसवीर
बड़ा मज़ा आएगा।
कत्थई खपरैलों से उठते हुए
धुएँ के रंग में
आसमान-निलाई मिलाई जाए,
सुबह की किरनों में
रात्रि के गृह-दीप-प्रकाश की आशाएँ घोलकर
हिम्मतें लाई जाएँ।.

स्याहियों से आँख बने,
आँखों की पुतली में धधक की लाल-लाल
पाँख बने ।.

एकाग्र ध्यानभरी
आँखों की किरनें
पोस्टर पर गिरें—तब
कहो भाई, कैसा हो?'
कारीगर ने साथी के कंधे पर हाथ रख
कहा तब—
'मेरे भी करतब सुनो तुम,
धुएँ से कजलाए कोठे की भीत पर
बाँस की तीली की लेखनी से लिखी थी
राम-कथा व्यथा की
कि आज भी जो सत्य है,
लेकिन, भाई, कहाँ अब वक़्त है!!
तसवीरें बनाने की
इच्छा अभी बाक़ी है,
ज़िंदगी भूरी ही नहीं, वह ख़ाकी है।'

ज़माने ने नगर के कंधे पर हाथ रख
कह दिया साफ़-साफ़—
पैरों के नखों से या डंडे की नोंक से
धरती की धूल में भी रेखाएँ खींचकर
तसवीरें बनतीं हैं,
बशर्ते कि ज़िंदगी के चित्र सौ
बनाने का चाव हो,
श्रद्धा हो, भाव हो।
कारीगर ने हँसकर बग़ल में खींचकर
पेंटर ने कहा—'भाई

चित्र बनाते वक़्त
सब स्वार्थ त्यागे जाएँ,
अँधेरे से भरे हुए
ज़ीने की सीढ़ियाँ चढ़ती-उतरती जो
इच्छा है—अंध है,
ऊपर के कमरे सब अपने लिए बंद हैं;
अपने लिए नहीं वे।'
ज़माने ने नगर से कहा—
यह ग़लत है, वह भ्रम है,
हमारा अधिकार सम्मिलित श्रम
और छीनने का दम है।
शायद है, ज़िंदगी की, मन की
तसवीरें फ़िलहाल
नहीं बना पाएँगे
अलबत्ता पोस्टर हम लगा जाएँगे
हम धधकाएँगे।
मानो या मत मानो,
इस नाजुक घड़ी में
चंद्र है, सविता है
पोस्टर ही कविता है!!
वेदना के रक्त से लिखे गए
लाल-नीले अक्षरों में झलकतीं
सृजन की नई परछाइयाँ,
गलियों के कोनों में गूँजती हैं
भावी की झाइयाँ।
धड़कती छाती की प्यारभरी गरमी में
भाफ़ बने आँसू के
दुर्निवार अक्षर—
चटाख से लगी हुई
कारतूस गोली के धड़ाकों से टकरा

प्रतिरोधी कविता
बनते हैं पोस्टर
ज़माने के पैग़ंबर!!
आसमान थामते हैं कंधों पर
हड़ताली पोस्टर,
कहते हैं–
आदमी की दर्दभरी गहरी पुकार सुन
जो दौड़ पड़ता है आदमी है वह भी,
जैसे तुम भी आदमी, वैसे मैं भी आदमी।
झुर्रीदार चेहरे पर छाए हुए,
पाताली अँधेरे से आए हुए
ज़िंदगी के तज़ुर्बात
जैसे तुम्हें मिले हैं
वैसे मुझे मिले हैं
जैसे तुम भी आदमी
वैसे मैं भी आदमी।
धरती का नीला पल्ला काँपता है
आसमान काँपता है
हृदय में करुणा की रिमझिम।
काली इस झड़ी में
विचारों की विक्षोभी तड़ित कराहती
क्रोध की गुहाओं का मुँह खोले
शक्ति के पहाड़ दहाड़ते
काली इस झड़ी में
वेदना की तड़ित् कराहती।
मदद के लिए अब
करुणा के रोंगटों में सनसनाता
दौड़ पड़ता आदमी,
व आदमी के दौड़ने के साथ-साथ
दौड़ता जहान

और दौड़ पड़ता आसमान ! !

मुहल्ले के मुहाने के उस पार
बहस छिड़ी हुई है;
पोस्टर पहने हुए
बरगद की शाखें ढीठ
पोस्टर धारण किए
भैरों की कड़ी पीठ,
भैरों और बरगद में बहस खड़ी हुई है ।
ज़ोरदार जिरह कि कितना समय लगेगा
सुबह होगी कब और
मुश्किल होगी दूर कब ! !

समय का कण-कण
गगन की कलिमा से
बूँद-बूँद चू रहा
तडित्-उजाला बन ।

कहने दो उन्हें जो यह कहते हैं

कहने दो उन्हें जो यह कहते हैं—
'सफल जीवन बिताने में हुए असमर्थ तुम !
तरक़्क़ी के गोल-गोल
घुमावदार चक्करदार
ऊपर बढ़ते हुए ज़ीने पर चढ़ने की
चढ़ते ही जाने की

उन्नति के बारे में
तुम्हारी ही ज़हरीली
उपेक्षा के कारण, निरर्थक तुम, व्यर्थ तुम ! !'

कटी-कमर भीतों के पास खड़े ढेरों और
ढूहों में खड़े हुए खंभों के खँडहर में
बियाबान फैली है पूनों की चाँदनी,
आँगन के पुराने-धुराने एक पेड़ पर।
अजीब-सी होती है, चारों ओर
वीरान-वीरान महक सुनसानों की
पूनों की चाँदनी की धूलि की धुंध में।
वैसे ही लगता है, महसूस यह होता है
'उन्नति' के क्षेत्रों में, 'प्रतिष्ठा' के क्षेत्रों में
मानव की छाती की, आत्मा की, प्राणों की
सोंधी गंध
कहीं नहीं, कहीं नहीं
पूनों की चाँदनी यह सही नहीं, सही नहीं;
केवल मनुष्यहीन वीरान क्षेत्रों में
निर्जन प्रसारों पर
सिर्फ एक आँख से
'सफलता' की आँख से
दुनिया को निहारती फैली है
पूनों की चाँदनी।
सूखे हुए कुओं पर झुके हुए झाड़ों में
बैठे हुए घुग्घुओं व चमगादड़ों के हित
जंगल के सियारों और
घनी-घनी छायाओं छिपे हुए
भूतों और प्रेतों तथा
पिचाशों और बेतालों के लिए—
मनुष्य के लिए नहीं—फैली यह

सफलता की, भद्रता की,
कीर्ति-यश-रेशम की पूनों की चाँदनी।

मुझको डर लगता है,
मैं भी तो सफलता के चंद्र की छाया में
घुग्घू या सियार या
भूत नहीं कहीं बन जाऊँ।
उनको डर लगता है,
आशंका होती है
कि हम भी जब हुए भूत
घुग्घू या सियार बने
तो अभी तक यही व्यक्ति
ज़िंदा क्यों?
उसकी वह विक्षोभी सम्पीड़ित आत्मा फिर
जीवित क्यों रहती है?
मरकर जब भूत बने
उसकी वह आत्मा पिशाच जब बन जाए
तो नाचेंगे साथ-साथ सूखे हुए पथरीले झरनों के तीरों पर
सफलता के चन्द्र की छाया में अधीर हो।
इसीलिए,
इसीलिए,
उनका और मेरा यह विरोध
चिरंतन है, नित्य है, सनातन है।
उनकी उस तथाकथित
जीवन-सफलता के
खपरैलों-छेदों से
खिड़की की दरारों से
आती जब किरणें हैं
तो सज्जन वे, वे लोग
अचंभित होकर, उन दरारों को, छेदों को

बंद कर देते हैं;
इसीलिए कि वे किरणें
उनके लेखे ही आज
कम्यूनिज़्म है⋯ गुंडागर्दी है⋯ विरोध है,
जिसमें छिपी है कहीं
मेरी बदमाशी भी।

मैं पुकारकर कहता हूँ—
'सुनो, सुननेवालो।
पशुओं के राज्य में जो बियाबान जंगल है
उसमें खड़ा है घोर स्वार्थ का प्रभीमकाय
बरगद एक विकराल।
उसके विद्रूप शत
शाखा-व्यूहों निहित
पत्तों के घनीभूत जाले हैं, जाले हैं।
तले में अँधेरा है, अँधेरा है घनघोर⋯
वृक्ष के तने से चिपट
बैठा है, खड़ा है कोई
पिशाच एक ज़बर्दस्त मरी हुई आत्मा का,
वह तो रखवाला है
घुग्घू के, सियारों के, कुत्तों के स्वार्थों का।
और उस जंगल में, बरगद के महाभीम
भयानक शरीर पर खिली हुई फैली है पूनों की चाँदनी
सफलता की, भद्रता की,
श्रेय-प्रेय-सत्यं-शिवं-संस्कृति की
खिलखिलाती पूनों की चाँदनी।
अगर कहीं सचमुच तुम
पहुँच ही वहाँ गए
तो घुग्घू बन जाओगे
सियार बन जाओगे।

आदमी कभी भी फिर
कहीं भी न मिलेगा तुम्हें।
पशुओं के राज्य में
जो पूनों की चाँदनी है
नहीं वह तुम्हारे लिए
नहीं वह हमारे लिए।

तुम्हारे पास, हमारे पास,
सिर्फ एक चीज़ है—
ईमान का डंडा है,
बुद्धि का बल्लम है,
अभय की गेती है
हृदय की तगारी है—तसला है
नए-नए बनाने के लिए भवन
आत्मा के,
मनुष्य के,
हृदय की तगारी में ढोते हैं हमीं लोग
जीवन की गीली और
महकती हुई मिट्टी को।
जीवन-मैदानों में
लक्ष्य के शिखरों पर
नए किले बनाने में
व्यस्त हैं हमीं लोग
हमारा समाज यह जुटा ही रहता है।
पहाड़ी चट्टानों को
चढ़ान पर चढ़ाते हुए
हज़ारों भुजाओं से
ढकेलते हुए कि जब
पूरा शारीरिक ज़ोर
फुफ्फुस की पूरी साँस

छाती का पूरा दम
लगाने के लक्षण-रूप
चेहरे हमारे जब
बिगड़-से जाते हैं—
सूरज देख लेता है
दिशाओं के कानों में कहता है—
दुर्गों के शिखर से
हमारे कंधों पर चढ़
खड़े होनेवाले ये
दूरबीन लगाकर नहीं देखेंगे—
कि मंगल में क्या-क्या है!!
चंद्रलोक-छाया को मापकर
वहाँ के पहाड़ों की ऊँचाई नहीं नापेंगे,
वरन् स्वयं ही वे
विचरण करेंगे इन नए-नए लोकों में,
देश-काल-प्रकृति-सृष्टि-जेता ये।
इसलिए, अगर ये लोग
सड़क-छाप जीवन की धूल-धूप
मामूली रूप-रंग
लिए हुए होने से
तथाकथित 'सफलता' के
खच्चरों व टट्टुओं के द्वारा यदि
निरर्थक व महत्त्वहीन
क़रार दिए जाते हों
तो कहने दो उन्हें जो यह कहते हैं।

सामाजिक महत्त्व की
गिलौरियाँ खाते हुए,
असत्य की कुर्सी पर
आराम से बैठे हुए,

मनुष्य की त्वचाओं का पहने हुए ओवरकोट,
बंदरों व रीछों के सामने
नई-नई अदाओं से नाचकर
झुठाई की तालियाँ देने से, लेने से
सफलता के ताले ये खुलते हैं,
बशर्ते कि इच्छा हो
सफलता की,
महत्त्वाकांक्षा हो
अपने भी बरामदे
में थोड़ा-सा फ़र्नीचर,
विलायती चमकदार
रखने की इच्छा हो
तो थोड़ी-सी सचाई में
बहुत-सी झुठाई घोल
सांस्कृतिक अदा से, अंदाज़ से
अगर बात कर सको–
भले ही दिमाग़ में
ख़यालों के मरे हुए चूहे ही
क्यों न हों प्लेग के,
लेकिन, अगर कर सको
ऐसी जमी हुई ज़बान-दराज़ी और
सचाई का अंग-भंग
करते हुए झूठ का
बारीक़ सूत कात सको
तो गतिरोध और कंठरोध
मार्गरोध कभी भी न होगा फिर
कटवा चुके हैं हम पूँछ-सिर
तो तुम ही यों
हमसे दूर बाहर क्यों जाते हो ?

जवाब यह मेरा है,
जाकर उन्हें कह दो कि सफलता के ज़ंग-खाए
तालों और कुंजियों
की दुकान है कबाड़ी की।
इतनी कहाँ फ़ुरसत हमें—
वक़्त नहीं मिलता है
कि दुकान पर जा सकें।
अहंकार समझो या
सुपीरियारिटी कांपलेक्स
अथवा कुछ ऐसा ही
चाहो तो मान लो,
लेकिन सच है यह
जीवन की तथाकथित
सफलता को पाने की
हमको फ़ुरसत नहीं,
खाली नहीं हम लोग!!
बहुत बिज़ी हैं हम।
जाकर उन्हें कह दे कोई
पहुँचा दे यह जवाब;
और अगर फिर भी वे
करते हों हुज्जत तो
कह दो कि हमारी साँस
जिसमें है आजकल
के रब्त-ज़ब्त तौर-तरीक़ों की तरफ़
जहरीली कड़ुआहट,
ज़रा-सी तुम पी लो तो
दवा का एक डोज़ समझ,
तुम्हारे दिमाग़ के
रोगाणु मर जाएँगे
व शरीर में, मस्तिष्क में,

ज़बर्दस्त संवेदन-उत्तेजन
इतना कुछ हो लेगा
कि अकुलाते हुए ही, तुम
अँधेरे के ख़ीमे को त्यागकर
उजाले के सुनहले मैदानों में
भागते आओगे;
जाकर उन्हें कह दे कोई,
पहुँचा दे यह जवाब ! !

ब्रह्मराक्षस

शहर के उस ओर खँडहर की तरफ़
परित्यक्त सूनी बावड़ी
के भीतरी
ठंडे अँधेरे में
बसीं गहराइयाँ जल की···
सीढ़ियाँ डूबीं अनेकों
उस पुराने घिरे पानी में···
समझ में आ न सकता हो
कि जैसे बात का आधार
लेकिन बात गहरी हो ।

बावड़ी को घेर
डालें खूब उलझी हैं,
खड़े हैं मौन औदुंबर ।
व शाखों पर

लटकते घुग्घुओं के घोंसले
परित्यक्त, भूरे, गोल।

विगत शत पुण्य का आभास
जंगली हरी कच्ची गंध में बसकर
हवा में तैर
बनता है गहन संदेह
अनजानी किसी बीती हुई उस श्रेष्ठता का जो कि
दिल में एक खटके-सी लगी रहती।

बावड़ी की इन मुँडेरों पर
मनोहर हरी कुहनी टेक
बैठी है टगर
ले पुष्प-तारे-श्वेत।

उसके पास
लाल फूलों का लहकता झौंर–
मेरी वह कन्हेर...
वह बुलाती एक ख़तरे की तरफ़ जिस ओर
अँधियारा खुला मुँह बावड़ी का
शून्य अंबर ताकता है।

बावड़ी की उन घनी गहराइयों में शून्य
ब्रह्मराक्षस एक पैठा है,
व भीतर से उमड़ती गूँज की भी गूँज,
बड़बड़ाहट-शब्द पागल से।
गहन अनुमानिता
तन की मलिनता
दूर करने के लिए प्रतिपल
पाप-छाया दूर करने के लिए, दिन-रात

स्वच्छ करने–
ब्रह्मराक्षस
घिस रहा है देह
हाथ के पंजे, बराबर
बाँह-छाती-मुँह छपाछप
खूब करते साफ़,
फिर भी मैल
फिर भी मैल!!

और···होठों से
अनोखा स्त्रोत्र, कोई क्रुद्ध मंत्रोच्चार,
अथवा शुद्ध संस्कृत गालियों का ज्वार,
मस्तक की लकीरें
बुन रहीं
आलोचनाओं के चमकते तार!!
उस अखंड स्नान का पागल प्रवाह···
प्राण में संवेदना है स्याह!!

किंतु, गहरी बावड़ी
की भीतरी दीवार पर
तिरछी गिरी रवि-रश्मि
के उड़ते हुए परमाणु, जब
तल तक पहुँचते हैं कभी
तब ब्रह्मराक्षस समझता है, सूर्य ने
झुककर 'नमस्ते' कर दिया।
पथ भूलकर जब चाँदनी
की किरन टकराए
कहीं दीवार पर,
तब ब्रह्मराक्षस समझता है
वंदना की चाँदनी ने

ज्ञान-गुरु माना उसे।

अति-प्रफुल्लित कंटकित तन-मन वही
करता रहा अनुभव कि नभ ने भी
विनत हो मान ली है श्रेष्ठता उसकी!!
और, तब दुगुने भयानक ओज से
पहचानवाला मन
सुमेरी-बैबिलोनी जन-कथाओं से
मधुर वैदिक ऋचाओं तक
व तब से आज तक के सूत्र
छंदस्, मंत्र, थियोरम,
सब प्रमेयों तक
कि मार्क्स, एंजेल्स, रसेल, टॉएन्बी
कि हीडेग्गर व स्पेंग्लर, सार्त्र, गाँधी भी
सभी के सिद्ध-अंतों का
नया व्याख्यान करता वह
नहाता ब्रह्मराक्षस, श्याम
प्राक्तन बावड़ी की
उन घनी गहराइयों में शून्य।

...ये गरजती, गूँजती, आंदोलिता
गहराइयों से उठ रहीं ध्वनियाँ, अतः
उद्भ्रांत शब्दों के नए आवर्त में
हर शब्द निज प्रति-शब्द को भी काटता,
वह रूप अपने बिंब से ही जूझ
विकृताकार-कृति
है बन रहा
ध्वनि लड़ रही अपनी प्रतिध्वनि से यहाँ।

बावड़ी की इन मुँडेरों पर
मनोहर हरी कुहनी टेक सुनते हैं

टगर के पुष्प-तारे श्वेत
वे ध्वनियाँ !
सुनते हैं करौंदी के सुकोमल फूल
सुनता है उन्हें प्राचीन औदुंबर
सुन रहा हूँ मैं वही
पागल प्रतीकों में कही जाती हुई
वह ट्रैजेडी
जो बावड़ी में अड़ गई ।

X X X

खूब ऊँचा एक ज़ीना साँवला
उसकी अँधेरी सीढ़ियाँ...
वे एक आभ्यंतर निराले लोक की ।
एक चढ़ना औ' उतरना;
पुनः चढ़ना औ' लुढ़कना,
मोच पैरों में
व छाती पर अनेकों घाव ।
बुरे-अच्छे-बीच के संघर्ष
से भी उग्रतर
अच्छे व उससे अधिक अच्छे बीच का संगर
गहन किंचित् सफलता,
अति भव्य असफलता ! !
...अतिरेकवादी पूर्णता
की ये व्यथाएँ बहुत प्यारी हैं...
ज्यामितिक संगति-गणित
की दृष्टि से कृत
भव्य नैतिक मान
आत्मचेतन सूक्ष्म नैतिक भान—
...अतिरेकवादी पूर्णता की तुष्टि करना
कब रहा आसान
मानवी अंतर्कथाएँ बहुत प्यारी हैं ! !

रवि निकलता
लाल चिता की रुधिर-सरिता
प्रवाहित कर दिवालों पर;
उदित होता चंद्र
व्रण पर बाँध देता
श्वेत-धौली पट्टियाँ
उद्विग्न भालों पर।
सितारे आसमानी छोर पर फैले हुए
अनगिन दशमलव से
दशमलव-बिंदुओं के सर्वतः
पसरे हुए उलझे गणित मैदान में
मारा गया, वह काम आया,
और वह पसरा पड़ा है···
वक्ष-बाँहें खुली फैलीं
एक शोधक की।

व्यक्तित्व वह कोमल स्फटिक प्रासाद-सा,
प्रासाद में ज़ीना
व ज़ीने की अकेली सीढ़ियाँ
चढ़ना बहुत मुश्किल रहा।
वे भाव-संगत तर्क-संगत
कार्य सामंजस्य-योजित
समीकरणों के गणित की सीढ़ियाँ
हम छोड़ दें उसके लिए।
उस भाव-तर्क व कार्य सामंजस्य-योजन-
शोध में
सब पंडितों, सब चिंतकों के पास
वह गुरु प्राप्त करने के लिए
भटका!!

किंतु युग बदला व आया कीर्ति-व्यवसायी
···लाभकारी कार्य में से धन,
व धन में से हृदय-मन,
और, धन-अभिभूत अंतःकरण में से
सत्य की झाईं
निरंतर चिलचिलाती थी।
आत्मचेतस् किंतु इस
व्यक्तित्व में थी प्राणमय अनबन···
विश्वचेतस् बे-बनाव!!
महत्ता के चरण में था
विषादाकुल मन!
मेरा उसी से उन दिनों होता मिलन यदि
तो व्यथा उसकी स्वयं जीकर
बताता मैं उसे उसका स्वयं का मूल्य
उसकी महत्ता!
वह उस महत्ता का
हम सरीखों के लिए उपयोग,
उस आंतरिकता का बताता मैं महत्त्व!!

पिस गया वह भीतरी
औ' बाहरी दो कठिन पाटों बीच,
ऐसी ट्रैजेडी है नीच!!

बावड़ी में वह स्वयं
पागल प्रतीकों में निरंतर कह रहा
वह कोठरी में किस तरह
अपना गणित करता रहा
औ' मर गया···
वह सघन झाड़ी के कँटीले
तम-विवर में

मरे पक्षी-सा
बिदा ही हो गया
वह ज्योति अनजानी सदा को सो गई
यह क्यों हुआ !
क्यों यह हुआ ! !
मैं ब्रह्मराक्षस का सजल-उर शिष्य
होना चाहता
जिससे कि उसका वह अधूरा कार्य,
उसकी वेदना का स्रोत
संगत, पूर्ण निष्कर्षों तलक
पहुँचा सकूँ।

अँधेरे में

[यहाँ इस कविता का जो पाठ प्रस्तुत है वह 'कल्पना' तथा 'चाँद का मुँह टेढ़ा है' में प्रकाशित पाठों से भिन्न है और कवि द्वारा इन दोनों पाठों में किए गए संशोधनों पर आधारित पांडुलिपि के अनुसार है। –सं.]

1

ज़िंदगी के···
कमरों में अँधेरे
लगाता है चक्कर
कोई एक लगातार;
आवाज़ पैरों की देती है सुनाई
बार-बार··· बार-बार,
वह नहीं दीखता··· नहीं ही दीखता,
किंतु, वह रहा घूम

तिलिस्मी खोह में गिरफ्तार कोई एक;
भीत-पार आती हुई पास से,
गहन रहस्यमय अंधकार-ध्वनि-सा
अस्तित्व जनाता
अनिवार कोई एक,
और, मेरे हृदय की धक-धक
पूछती है—वह कौन
सुनाई जो देता, पर नहीं देता दिखाई !
इतने में अकस्मात् गिरते हैं भीत से
फूले हुए पलस्तर,
खिरती है चूनेभरी रेत
खिसकती है पपड़ियाँ इस तरह—
खुद-ब-खुद
कोई बड़ा चेहरा बन जाता है,
स्वयमपि
मुख बन जाता है दिवाल पर,
नुकीली नाक और
भव्य ललाट है
दृढ़ हनु;
कोई अनजानी अन-पहचानी आकृति।
कौन वह दिखाई जो देता, पर
नहीं जाना जाता है ! !
कौन मनु ?

बाहर शहर के, पहाड़ी के उस पार, तालाब···
सब तरफ अँधेरा,
प्रशांत जल,
पर, भीतर से उभरती है सहसा
सलिल के तम-श्याम शीशे में कोई श्वेत आकृति
कुहरीला कोई बड़ा चेहरा फैल जाता है
और मुसकाता है,
पहचान बताता है;

किंतु, मैं हत्प्रभ,
नहीं वह समझ में आता।

अरे! अरे!!
तलाब के आस-पास, अँधेरे में वन-वृक्ष
चमक-चमक उठते हैं हरे-हरे, अचानक
वृक्षों के शीश पर नाच-नाच उठती हैं बिजलियाँ,
शाखाएँ, डालियाँ झूमकर झपटकर
चीख़, एक-दूसरे पर पटकती है सिर कि अकस्मात्
वृक्षों के अँधेरे में छिपी हुई किसी एक
तिलिस्मी खोह का शिला-द्वार
खुलता है धड़ से
....

घुसती है लाल-लाल मशाल अजीब-सी,
अंतराल-विवर के तम में
लाल-लाल कुहरा;
कुहरे में, सामने, रक्तालोक स्नात-पुरुष एक,
रहस्य साक्षात्!!

तेजोप्रभावमय उसका ललाट देख,
मेरे अंग-अंग में अजीब एक थर-थर।
गौरवर्ण, दीप्त-दृग, सौम्यमुख
संभावित स्नेह-सा प्रिय रूप देखकर
विलक्षण शंका,
भव्य आजानुभुज देखते ही साक्षात्
गहन एक संदेह।

वह रहस्यमय व्यक्ति
अब तक न पाई गई मेरी अभिव्यक्ति है,
पूर्ण अवस्था वह
निज-संभावनाओं, निहित प्रभाओं, प्रतिभाओं की
मेरे परिपूर्ण का आविर्भाव,

हृदय में रिस रहे ज्ञान का तनाव वह,
आत्मा की प्रतिमा।

किंतु, वह फटे हुए वस्त्र क्यों पहने है?
उसका स्वर्ण-वर्ण मुख मैला क्यों?
वक्ष पर इतना बड़ा घाव कैसे हो गया?
उसने कारावास-दुःख झेला क्यों?
उसकी इतनी भयानक स्थिति क्यों है?
रोटी उसे कौन पहुँचाता है?
कौन पानी देता है?
फिर भी, उसके मुख पर स्मित क्यों है?
प्रचंड शक्तिमान क्यों दिखाई देता है?

प्रश्न थे गंभीर, शायद खतरनाक भी,
इसीलिए बाहर के गुंजान
जंगलों से आती हुई हवा ने
फूँक मार एकाएक मशाल ही बुझा दी···
कि मुझको यों अँधेरे में पकड़कर
मौत की सज़ा दी!
किसी काले 'डैश' की घनी काली पट्टी ही
आँखों पर बँध गई,
किसी खड़ी पाई की सूली पर मैं टाँग दिया गया,
किसी शून्य बिंदु के अँधियारे खड्डे में
गिरा दिया गया मैं
अचेतन स्थिति में!

2

सूनापन सिहरा,
अँधेरे में ध्वनियों के बुलबुले उभरे,
शून्य के मुख पर सलवटें स्वर की,
मेरे ही उर पर, धँसाती हुई सिर,
छटपटा रही हैं शब्दों की लहरें

मीठी हैं दुःसह !!
अरे, हाँ, साँकल ही रह-रह
बजती है द्वार पर।
कोई मेरी बात मुझे बताने के लिए ही
बुलाता है, बुलाता है (हृदय को सहला
मानो किसी जटिल प्रसंग में सहसा
होठों पर होंठ रख, कोई सच-सच बात
सीधे-सीधे कहने को तड़प जाए, और फिर
वही बात सुनकर धँस जाए मेरा जी···
इस तरह, साँकल ही रह-रह, बजती हैं द्वार पर)

आधी रात, इतने अँधेरे में, कौन आया मिलने ?
विमन प्रतीक्षातुर कुहरे में घिरा हुआ
द्युतिमय मुख—वह प्रेमभरा चेहरा—
भोला-भाला भाव—
पहचानता हूँ बाहर जो खड़ा है !!
यह वही व्यक्ति है, जी हाँ !
जो मुझे तिलिस्मी खोह में दिखा था।
अवसर-अनवसर
प्रकट जो होता ही रहता,
मेरी सुविधाओं का न तनिक ख़याल कर।
चाहे जहाँ, चाहे जिस समय उपस्थित,
चाहे जिस रूप में
चाहे जिन प्रतीकों में प्रस्तुत;
इशारे से बताता है, समझाता रहता,
हृदय को देता है बिजली के झटके !!
अरे, उसके चेहरे पर खिलती हैं सुबहें,
गालों पर चट्टानी चमक पठार की
आँखों में किरणीली शांति की लहरें,
उसे देख, प्यार उमड़ता है अनायास !
लगता है—दरवाज़ा खोलकर
बाँहों में कस लूँ,

हृदय में रख लूँ
घुल जाऊँ, मिल जाऊँ लिपटकर उससे।
परंतु, भयानक खड्डे के अँधेरे में आहत
और क्षत-विक्षत, मैं पड़ा हुआ हूँ;
शक्ति ही नहीं है कि उठ सकूँ ज़रा भी
(यह भी तो सही है कि
कमज़ोरियों से ही मोह है मुझको)
इसीलिए, टालता हूँ उस मेरे प्रिय को
कतराता रहता,
डरता हूँ उससे।
वह बिठा देता है तुंग शिखर के
ख़तरनाक, खुरदरे कगार-तट पर;
शोचनीय स्थिति में ही छोड़ देता मुझको।
कहता है—'पार करो पर्वत-संधि के गह्वर,
रस्सी के पुल पर चलकर
दूर उस शिखर-कगार पर स्वयं ही पहुँचो।'
अरे भाई, मुझे नहीं चाहिए शिखरों की यात्रा,
मुझे डर लगता है ऊँचाइयों से;
बजने दो साँकल!!
उठने दो अँधेरे में ध्वनियों के बुलबुले,
वह जन ··· वैसे ही
आप चला जाएगा आया था जैसे।
खड्डे के अँधेरे में मैं पड़ा रहूँगा
पीड़ाएँ समेटे!!

क्या करूँ, क्या नहीं करूँ मुझे बताओ;
इस तम-शून्य में तैरती है जगत्-समीक्षा
की हुई उसकी
(सह नहीं सकता)
विवेक-विक्षोभ महान् उसका
तम-अंतराल में (सह नहीं सकता)
अँधियारे मुझमें द्युति-आकृति-सा

भविष्य का नक़्शा दिया हुआ उसका
सही नहीं सकता ! !
नहीं, नहीं, उसको मैं छोड़ नहीं सकूँगा
सहना पड़े मुझे चाहे जो भले ही ।

कमज़ोर घुटनों को बार-बार मसल,
लड़खड़ाता हुआ मैं
उठता हूँ दरवाज़ा खोलने,
चेहरे के रक्तहीन विचित्र शून्य को गहरे
पोंछता हूँ हाथ से,
अँधेरे के ओर-छोर टटोल-टटोलकर
बढ़ता हूँ आगे,
पैरों से महसूस करता हूँ धरती का फैलाव,
हाथों से महसूस करता हूँ दिशाएँ,
साँसों से अनुभव करता हूँ दुनिया,
मस्तक अनुभव करता है आकाश,
दिल में तड़पता है अँधेरे का अंदाज़,
आँखें ये तथ्य को सूँघती-सी लगतीं,
केवल शक्ति है स्पर्श की गहरी ।
आत्मा में, भीषण
सत्-चित-वेदना जल उठी, दहकी ।
विचार हो गए विचरण-सहचर ।
बढ़ता हूँ आगे,
चलता हूँ सँभल-सँभलकर,
द्वार टटोलता,
ज़ंग-खाई, जमी हुई, जबरन
चिटखनी हिलाकर
जोर लगा, दरवाज़ा खोलता,
झाँकता हूँ बाहर ···

सूनी है राह, अजीब है फैलाव,
सर्द अँधेरा ।
ढीली आँखों से देखते हैं विश्व

उदास तारे।
हर बार सोच और हर बार अफ़सोस
हर बार फ़िक्र
के कारण बढ़े हुए दर्द का मानो कि दूर वहाँ, दूर वहाँ
अँधियारा पीपल देता है पहरा।
हवाओं की निःसंग लहरों में काँपती
कुत्तों की दूर-दूर अलग-अलग आवाज़,
टकराती रहती सियारों की ध्वनि से।
काँपती हैं दूरियाँ, गूँजते हैं फ़ासले
(बाहर कोई नहीं, कोई नहीं बाहर)
इतने में अँधियारे सूने में कोई चीख़ गया है
रात का पक्षी
कहता है :
'वह चला गया है,
वह नहीं आएगा, आएगा ही नहीं
अब तेरे द्वार पर।
वह निकल गया है गाँव में शहर में!
उसको तू खोज अब
उसका तू शोध कर!
वह तेरी पूर्णतम परम अभिव्यक्ति,
उसका तू शिष्य है (यद्यपि पलातक···)
वह तेरी गुरु है
गुरु है···'

3

समझ न पाया कि चल रहा स्वप्न या
जागृति शुरू है।
दिया जल रहा है,
पीतालोक-प्रसार में काल गल रहा है,
आस-पास फैली हुई जग-आकृतियाँ
लगती हैं छपी हुई जड़ चित्र-कृतियों-सी

अलग व दूर-दूर
निर्जीव ! !
यह सिविल लाइंस है। मैं अपने कमरे में
यहाँ पड़ा हुआ हूँ।
आँखें खुली हुई हैं,
पीटे गए बालक-सा मार खाया चेहरा
उदास इकहरा,
सलेट-पट्टी पर खींची गई तसवीर,
भूत-जैसी आकृति—
क्या वह मैं हूँ ?
मैं हूँ ?

रात के दो हैं,
दूर-दूर जंगल में सियारों का हो-हो,
पास-पास आती हुई घहराती गूँजती
किसी रेलगाड़ी के पहियों की आवाज़ ! !
किसी अनपेक्षित
असंभव घटना का भयानक संदेह,
अचेतन प्रतीक्षा,
कहीं कोई रेल-एक्सीडेंट न हो जाए।
चिंता के गणित अंक
आसमानी सलेट-पट्टी पर चमकते
खिड़की से दीखते।

हाय ! हाय ! तॉल्सतॉय
कैसे मुझे दीख गए
सितारों के बीच-बीच
घूमते व रुकते
पृथ्वी को देखते।

शायद, तॉल्सतॉय-नुमा
कोई वह आदमी

और है,
मेरे किसी भीतरं धागे का आखिरी छोर वह,
अनलिखे मेरे उपन्यास का
केंद्रीय संवेदन
दबी हाय-हाय-नुमा,
शायद, तॉल्सतॉय-नुमा।
प्रोसेशन ?
निस्तब्ध नगर के मध्य-रात्रि अँधेरे में सुनसान
किसी दूर बैंड की दबी हुई क्रमागत तान-धुन,
मंद-तार उच्च-निम्न स्वर-स्वन
उदास-उदास ध्वनि-तरंगे हैं गंभीर,
दीर्घ लहरियाँ ! !

गैलरी में जाता हूँ, देखता हूँ रास्ता
वह कोलतार-पथ अथवा
मरी हुई खिंची हुई कोई काली जिह्वा
बिजली के द्युतिमान दिये या
मरे हुए दाँतों का चमकदार नमूना ! !

किंतु, दूर सड़क के उस छोर
शीतभरे थर्राते तारों के अँधियाले तल में
नील तेज-उद्भास
पास-पास पास-पास
आ रहा इस ओर !
दबी हुई गंभीर स्वर-स्वन तरंगें,
उदास तान-धुन शत-ध्वनि-संगम-संगीत
समीप आ रहा ! !

और अब
गैसलाइट पाँतों की बिंदुएँ छिटकीं
बीचोंबीच उनके
साँवले जुलूस-सा क्या-कुछ दीखता ! !

और अब
गैसलाइट-निलाई में रँगे हुए अपार्थिव चेहरे,
बैंड-दल
उनके पीछे काले-काले बलवान घोड़ों का जत्था
दीखता,
घना व डरावना अवचेतन ही
जुलूस में चलता।
क्या शोभा-यात्रा
किसी मृत्यु-दल की?
अजीब!!
दोनों ओर, नीली गैसलाइट-पाँत
चल रही, चल रही।
नींद में खोए हुए शहर की गहन अवचेतना में
हलचल (पाताली तल में
चमकदार साँपों की उड़ती हुई लगातार
लकीरों की वारदात!!
सब सोए हुए हैं।
लेकिन, मैं जाग रहा, देख रहा
रोमांचकारी यह जादुई करामात!!)

विचित्र प्रोसेशन,
गंभीर क्विक मार्च...
कलाबत्तूवाली काली ज़रीदार ड्रैस पहने
चमकदार बैंड-दल—
अस्थि-रूप, यकृत-स्वरूप, उदर-आकृति
आँतों के जालों-से उलझे हुए, बाजे वे दमकते हैं भयंकर
गंभीर गीत-स्वन-तरंगें
ध्वनियों के आवर्त मँडराते पथ पर।
बैंड के लोगों के चेहरे
मिलते हैं मेरे देखे हुओं से,
लगता है उनमें कई प्रतिष्ठित पत्रकार
इसी नगर के!!

बड़े-बड़े नाम अरे, कैसे शामिल हो गए इस बैंड-दल में ! !
उनके पीछे चल रहा
संगीन-नोकों का चमकता जंगल,
चल रही पदचाप, तालबद्ध दीर्घ पाँत
टैंक-दल, मोर्टार, आर्टिलरी, सन्नद्ध,
धीरे-धीरे बढ़ रहा जुलूस भयावना,
सैनिकों के पथराए चेहरे
चिढ़े हुए, झुलसे हुए, बिगड़े हुए गहरे !
शायद, मैंने उन्हें पहले कहीं तो भी देखा था।
शायद, उनमें मेरे कई परिचित ! !
उनके पीछे यह क्या ! !
कैवलरी ! !
काले-काले घोड़ों पर ख़ाकी मिलिट्री ड्रैस,
चेहरे का आधा भाग सिंदूरी-गेरुआ
आधा भाग कोलतारी भैरव,
भयानक ! !
हाथों में चमचमाती सीधी खड़ी तलवार
आबदार ! !
कंधे से कमर तक कारतूसी बैल्ट है तिरछा।
कमर में, चमड़े के कवर में पिस्तौल,
रोषभरी एकाग्र दृष्टि में धार है,
कर्नल, बिग्रेडियर, जनरल, मार्शल
कई और सेनापति सेनाध्यक्ष
चेहरे वे मेरे जाने-बूझे-से लगते,
उनके चित्र समाचार-पत्रों में छपे थे,
उनके लेख देखे थे,
यहाँ तक कि कविताएँ पढ़ी थीं
भई वाह !
उनमें कई प्रकांड आलोचक, विचारक, जगमगाते कविगण
मंत्री भी, उद्योगपति और विद्वान
यहाँ तक कि शहर का हत्यारा कुख्यात
डोमाजी उस्ताद

बनता है बलबन
हाय, हाय!!
यहाँ ये दीखते हैं भूत-पिशाच-काय।
भीतर का राक्षसी स्वार्थ अब
साफ उभर आया है,
छुपे हुए उद्देश्य
यहाँ निखर आए हैं,
यह शोभा-यात्रा है किसी मृत्यु-दल की।

(विचारों की फिरकी
सिर में है घूमती।)

इतने में प्रोसेशन में से कुछ मेरी ओर
आँखें उठीं रोषभर,
हृदय में मानो कि संगीन-नोकें ही घुस पड़ी बर्बर,
सड़क पर उठ खड़ा हो गया कोई शोर—
"मारो गोली, दाग़ो स्साले को एकदम
दुनिया की नज़रों से हटकर
छुपे तरीक़े से
हम जा रहे थे कि
आधी रात अँधेरे में उसने
देख लिया हमको
व जान गया वह सब
मार डालो, उसको ख़तम करो एकदम!!"

रास्ते पर भाग-दौड़ धका-पेल!!
गैलरी से भागा मैं पसीने से सराबोर!!

एकाएक टूट गया स्वप्न व छिन्न-भिन्न
हो गए सब चित्र।

जागते में फिर से याद आने लगा वह स्वप्न,
फिर से याद आने लगे अँधेरे में चेहरे,

और, तब मुझे प्रतीत हुआ भयानक
गहन मृतात्माएँ इसी नगर की
हर रात जुलूस में चलतीं,
परंतु, दिन में
बैठती हैं मिलकर करती हुई षड्यंत्र
विभिन्न दफ्तरों-कार्यालयों, केंद्रों में, घरों में।
हाय, हाय! मैंने उन्हें देख लिया नगा,
इसकी मुझे और सज़ा मिलेगी।

4

अकस्मात्
चार का गजर कहीं खड़का,
मेरा दिल धड़का,
उदास मटमैला मन रूपी वल्मीक
विचलित।
अगिनत काली-काली हायफ़न-डैशों की लकीरों की हलचल
सब ओर बिखराव।
मैं अपने कमरे में यहाँ लेटा हुआ हूँ।
काले-काले शहतीर छत के
हृदय दबोचते।
यद्यपि आँगन में नल ज़ोर मारता,
ख़ूब खखारती पानी की धारा।
किंतु, न शरीर में बल है
अँधेरे में गल रहा दिल यह।

एकाएक मुझे भान होता है जग का,
अख़बारी दुनिया का फैलाव,
फँसाव, घिराव, तनाव है सब ओर,
पत्ते न सड़कें
सेना ने घेर ली हैं सड़कें।
बुद्धि की मेरी रग
गिनती है समय की धकधक।

यह सब क्या है ?
किसी जन-क्रांति के दमन निमित्त यह
मार्शल लॉ है ! !

दम छोड़ रहे भाग गलियों में मेरे पैर,
साँस लगी हुई है,
ज़माने की जीभ निकल पड़ी है,
कोई मेरा पीछा कर रहा है लगातार।
भागता मैं दम छोड़,
घूम गया कई मोड़,
चौराहा दूर से ही दीखता,
वहाँ शायद कोई सैनिक पहरेदार
नहीं होगा फ़िलहाल।
दीखता है सामने ही अंधकार-स्तूप-सा
भयंकर बरगद—
सभी उपेक्षितों, समस्त वंचितों,
ग़रीबों का वही घर, वही छत,
उसके ही तल-खोह-अँधेरे में सो रहे
गृहहीन कई प्राण।
अँधेरे में डूब गए
डालों में लटके जो मटमैले चिथड़े
किसी एक अति दीन
पागल के धन वे।
हाँ, वहाँ रहता है सिरफिरा कोई एक।

किंतु, आज इस रात बात अजीब है !
वही जो सिरफिरा पागल क़तई था
आज एकाएक वह
जागरित-बुद्धि है, प्रज्वलत्-धी है।
छोड़ सिरफिरापन,
बहुत ऊँचे गले से,
गा रहा कोई पद, कोई गान
आत्मोद्बोधमय ! !

खूब भई, खूब भई,
जानता क्या वह भी कि
सैनिक प्रशासन है नगर में वाकई !
क्या उसकी बुद्धि भी जग गई ! !

(करुण रसाल वे हृदय के स्वर हैं
गद्यानुवाद यहाँ उनका दिया जा रहा)

'' ··· ओ मेरे आदर्शवादी मन,
और मेरे सिद्धांतवादी मन,
अब तक क्या किया ?
जीवन क्या जिया ! !
उदरंभरि बन अनात्म बन गए,
भूतों की शादी में क़नात से तन गए,
किसी व्यभिचार के बन गए बिस्तर,

दुःखों के दाग़ों को तमग़ों-सा पहना,
अपने ही ख़यालों में दिन-रात रहना,
असंग बुद्धि व अकेले में सहना,
ज़िंदगी निष्क्रिय बन गई तलघर,

अब तक क्या किया,
जीवन क्या जिया ! !
बताओ तो किस-किसके लिए तुम दौड़ गए
करुणा के दृश्यों से हाय ! मुँह मोड़ गए,
बन गए पत्थर;

बहुत-बहुत ज्यादा लिया,
दिया बहुत-बहुत कम;
मर गया देश, अरे, जीवित रह गए तुम ! !

लोकहित-पिता को घर से निकाल दिया,
जन-मन-करुणा-सी माँ को हकाल दिया,

स्वार्थों के टेरियर कुत्तों को पाल लिया,
भावना के कर्तव्य ⋯ त्याग दिए,
हृदय के मंतव्य ⋯ मार डाले!
बुद्धि का भाल ही फोड़ दिया,
तर्कों के हाथ उखाड़ दिए,
जम गए, जाम हुए, फँस गए,
अपने ही कीचड़ में धँस गए!!
विवेक बघार डाला स्वार्थों के तेल में
आदर्श खा गए।

अब तक क्या किया,
जीवन क्या जिया,
ज्यादा लिया, और दिया बहुत-बहुत कम
मर गया देश, अरे, जीवित रह गए तुम!!"

मेरा सिर गरम है,
इसीलिए भरम है।
सपनों में चलता है आलोचन,
विचारों के चित्रों की अवलि में चिंतन।
निजत्व—भाफ है बेचैन,
क्या करूँ, किससे कहूँ,
कहाँ जाऊँ, दिल्ली या उज्जैन?

वैदिक ऋषि शुनःशेप के
शापभ्रष्ट पिता अजीगर्त समान ही
व्यक्तित्व अपना ही, अपने से खोया हुआ,
वही उसे अकस्मात् मिलता था रात में।
पागल था दिन में,
सिरफिरा विक्षिप्त मस्तिष्क।

हाय, हाय!
उसने भी यह क्या गा दिया,

यह उसने क्या नया ला दिया,
प्रत्यक्ष,
मैं खड़ा हो गया खुद ही के सामने
निज की ही घन छाया-मूर्त्ति-सा गहरा
होने लगी बहस और
लगने लगे परस्पर तमाचे।
छिः पागलपन है,
वृथा आलोचन है।

गलियों में अंधकार भयावह ...
मानो मेरे कारण ही लग गया
मार्शल लॉ वह,
मानो मेरी निष्क्रिय संज्ञा ने संकट बुलाया,
मानो मेरे कारण ही दुर्घट
हुई यह घटना।

चक्र से चक्र लगा हुआ है ...
जितना ही तीव्र है द्वंद्व क्रियाओं घटनाओं का
बाहरी दुनिया में,
उतनी ही तेजी से भीतरी दुनिया में
चलता हैं द्वंद्व कि
फ़िक्र से फ़िक्र लगी हुई है।
आज उस पागल ने मेरी चैन भुला दी,
मेरी नींद गँवा दी।

मैं इस बरगद के पास खड़ा हूँ।

मेरा यह चेहरा
धुलता है जाने किस अथाह गंभीर, साँवले जल से,
झुके हुए गुमसुम टूटे हुए घरों के
तिमिर अतल से
धुलता है मन यह।

रात्रि के श्यामल ओस से क्षालित
कोई गुरु गंभीर महान् अस्तित्व
महकता है लगातार
मानो खँडहर-प्रसारों में उद्यान
गुलाबी-चमेली के, रात्रि-तिमिर में,
महकते हों, महकते ही रहते हों हर पल ।
किंतु वे उद्यान कहाँ हैं,
अँधेरे में पता नहीं चलता ।
मात्र सुगंध है सब ओर,
पर, उस महक-लहर में
कोई छुपी वेदना, कोई गुप्त चिंता
छटपटा रही है छटपटा रही है ।

5

एकाएक मुझे भान ! !
पीछे से किसी अजनबी ने
कंधे पर रक्खा हाथ ।
चौंकता मैं भयानक
एकाएक थरथर रेंग गई सिर तक,
नहीं, नहीं । ऊपर से गिरकर
कंधे पर बैठ गया बरगद-पात एक,
क्या वह संकेत, क्या वह इशारा ?
क्या वह चिट्ठी है किसी की ?
बरगद-आत्मा का पत्र है वह क्या ?
कौन-सा इंगित ?

भागता मैं दम छोड़,
घूम गया कई मोड़ ! !
बंदूक धाँय-धाँय
मकानों के ऊपर प्रकाश-सा छा रहा गेरुआ ।
भागता मैं दम छोड़
घूम गया कई मोड़ ।

घूम गई पृथ्वी, घूम गया आकाश,
और फिर, किसी एक मुँदे हुए घर की
पत्थर-सीढ़ी दिख गई, उस पर
चुपचाप बैठ गया सिर पकड़कर ! !
दिमाग में चक्कर,
चक्कर ··· भँवरें
भँवरों के गोल-गोल केंद्र में दीखा
स्वप्न सरीखा–

भूमि की सतहों के बहुत-बहुत नीचे
अँधियारी, एकांत
प्राकृत गुहा एक ।
विस्तृत खोह के साँवले तल में
तिमिर को भेदकर चमकते हैं पत्थर
तेजस्क्रिय रेडियो-एक्टिव रत्न भी बिखरे,
झरता है जिन पर प्रबल प्रपात एक ।
प्राकृत जल वह आवेगभरा है,
द्युतिमत् मणियों की अग्नियों पर से
फिसल-फिसलकर बहती हैं लहरें,
लहरों के तले में से फूटती हैं किरनें,
रत्नों की रंगीन रूपों की आभा
फूट निकलती
खोह की बेडौल भीतें हैं झिलमिल ! !

पाता हूँ निज को खोह के भीतर,
बिलुब्ध नेत्रों से देखता हूँ द्युतियाँ,
मणि तेजक्रिय हाथों में लेकर
विभोर आँखों से देखता हूँ उनको ···
पाता हूँ अकस्मात
दीप्ति में वलयित रत्न वे नहीं हैं
अनुभव, वेदना, विवेक-निष्कर्ष,
मेरे ही अपने यहाँ पड़े हुए हैं
विचारों की रक्तिम अग्नि के मणि वे

प्राण-जल-प्रपात में घुलते हैं प्रतिपल
अकेले में किरणों की गीली है हलचल
गीली है झिलमिल ! !
हाय, हाय ! मैंने उन्हें गुहा-वास दे दिया
लोक-हित क्षेत्र से कर दिया वंचित
जनोपयोग से वर्जित किया, और
निषिद्ध कर दिया
खोह में डाल दिया ! !
वे ख़तरनाक थे,
(बच्चे भीख माँगते) खैर ···
यह न समय है,
जूझना ही तय है ।

6

सीन बदलता है,
सुनसान चौराहा साँवला फैला,
बीच में वीरान गेरुआ घंटाघर,
ऊपर कत्थई बुज़ुर्ग गुंबद,
साँवली हवाओं में काल टहलता है ।
रात में पीले हैं चार घड़ी-चेहरे,
मिनिट के काँटों की चार अलग गतियाँ
चार अलग कोण,
कि चार अलग संकेत,
(मनस् में गतिमान चार अलग गतियाँ)
खंभों पर बिजली की गर्दनें लटकीं,
शर्म से जलते हुए बल्बों के आस-पास
बेचैन ख़यालों के पंखों के कीड़े
उड़ते हैं गोल-गोल
मचल-मचलकर ।
घंटाघर तले ही
पंखों के टुकड़े बीट व तिनके !
गुंबद-विविर में बैठे हुए बूढ़े

असंभव पक्षी
बहुत तेज़ नज़रों से देखते हैं सब ओर,
मानो कि इरादे
भयानक चमकते।
सुनसान चौराहा,
बिखरी हैं गतियाँ, बिखरी है रफ़्तार,
गश्त में घूमती है कोई दुष्ट इच्छा।
भयानक सिपाही जाने किस थकी हुई झोंक में
अँधेरे में सुलगाता सिगरेट अचानक
ताँबे-से चेहरे की ऐंठ झलकती।
पथरीली सलवट
दियासलाई की पल-भर लौ में
भयानक दीखती।
पर, उसके चेहरे का रंग बदलता है हर बार,
मानो अनपेक्षित कहीं न कुछ हो
जाने क्या हो जाए, जाने क्या हो जाए!!
वह ताक रहा है
संगीन-नोकों पर टिका हुआ
साँवला बंदूक-जत्था
गोल त्रिकोण एक बनाए खड़ा जो
चौक के बीच में!!
एक ओर
टैंकों का दस्ता भी खड़े-खड़े ऊँघता,
परंतु अड़ा है!!

भागता मैं दम छोड़,
घूम गया कई मोड़।
भागती है चप्पल, चटपट आवाज़
चाँटों-सी पड़ती।
पैरों के नीचे का कीच उछलकर

चेहरे पर, छाती पर पड़ता है सहसा,
ग्लानि की मतली।
गलियों का गोल-गोल खोह-अँधेरा
चेहरे पर, आँखों पर करता है हमला।
अजीब उमस-बास
गलियों का रुँधा हुआ उच्छ्‌वास।
भागता हूँ दम छोड़,
घूम गया कई मोड़।
धुँधले-से आकार कहीं-कहीं दीखते,
भय के ? या घर के ? कह नहीं सकता
आता है अकस्मात् कोलतार रास्ता
लंबा व चौड़ा व स्याह व ठंडा,
बेचैन आँखें ये देखती हैं सब ओर।
कहीं कोई नहीं है,
नहीं कहीं कोई भी।
श्याम आकाश में, संकेत-भाषा-सी तारों की आँखें

चमचमा रही हैं।
मेरा दिल ढिबरी-सा टिमटिमा रहा है।
कोई मुझे खींचता है रास्ते के बीच ही।
जादू से बँधा हुआ चल पड़ा उस ओर।
सपाट सूने में ऊँची-सी खड़ी जो
तिलक की पाषाण-मूर्ति है निःसंग
स्तब्ध जड़ीभूत ...
देखता हूँ उसको परंतु, ज्यों ही मैं पास पहुँचता
पाषाण-पीठिका हिलती-सी लगती
अरे, अरे, यह क्या ! !
कण-कण काँप रहे जिनमें से झरते
नीले 'इलेक्ट्रॉन'
सब ओर गिर रहीं चिनगियाँ नीली

मूर्ति के तन से झरते हैं अंगार।
मुसकान पत्थरी होंठों पर काँपी,
आँखों में बिजली के फूल सुलगते।

इतने में यह क्या!!
भव्य ललाट की नासिका में से
बह रहा खून न जाने कब से
लाल-लाल गरमीला रक्त टपकता
(खून के धब्बों से भरा अँगरखा)
मानो कि अतिशय चिंता के कारण
मस्तक-कोष ही फूट पड़े सहसा
मस्तक-रक्त ही बह उठा नासिका में से।
हाय, हाय, पितः पितः ओ,
चिंता में इतने न उलझो
हम अभी ज़िंदा हैं ज़िंदा,
चिंता क्या है!!
मैं उस पाषाण-मूर्ति के ठंडे
पैरों को छाती से बरबस चिपका
रुआँसा-सा होता
देह में तन गए करुणा के काँटे
छाती पर, सिर पर, बाँहों पर मेरे
गिरती हैं नीली
बिजली की चिनगियाँ,
रक्त टपकता है हृदय में मेरे
आत्मा में बहता-सा लगता
ख़ून का तालाब।
इतने में छाती के भीतर ठक-ठक
सिर में है धड़-धड़!! कट रही हड्डी!!
फ़िक्र जबर्दस्त!!
विवेक चलाता तीखा-सा रंदा

चल रहा बसूला
छीले जा रहा मेरा यह निजत्व ही कोई
भयानक ज़िद कोई जाग उठी मेरे भी अंदर,
कोई बड़ा भारी हठ उठ खड़ा हुआ है।

इतने में आसमान काँपा व धाँय-धाँय
बंदूक-धड़ाका
बिजली की रफ़्तार पैरों में घूम गई।
खोहों-सी गलियों के अँधेरे में एक ओर
मैं थक बैठ गया,
सोचने-विचारने।
अँधेरे में डूबे हुए मकानों के छप्परों पार से
रोने की पतली-सी आवाज़
सूने में काँप रही, काँप रही दूर तक
कराहों की लहरों में पाशव प्राकृत
वेदना भयानक थरथरा रही है।

मैं उसे सुनने का करता हूँ यत्न
कि देखता क्या हूँ—
सामने मेरे
सर्दी के बोरे को ओढ़कर
कोई एक, अपने
हाथ-पैर समेटे
काँप रहा, हिल रहा!! वह मर जाएगा!!
इतने में वह सिर खोलता है सहसा
बाल बिखरते,
चीखते हैं कान कि
फिर मुँह खोलता है, वह कुछ
बुदबुदा रहा है,
किंतु, मैं सुनता ही नहीं हूँ।

ध्यान से देखता हूँ–वह कोई परिचित,
जिसे खूब देखा था, निरखा था कई बार
पर, पाया नहीं था।
अरे हाँ, वह तो ···
विचार उठते ही दब गए
सोचने का साहस सब चला गया है।
वह मुख–अरे, वह मुख, वे गाँधी जी!!
इस तरह पंगु!!
आश्चर्य!!
नहीं, नहीं, वे जाँच-पड़ताल
सुराग़रसी-सी कुछ
करते हैं चुपचाप।
रूप बदलकर।

अँधेरे की स्याही में डूबे हुए देव को सम्मुख पाकर
मैं अति दीन हो जाता हूँ पास कि
बिजली का झटका
कहता है–''भाग जा, हट जा
हम हैं गुजर गए ज़माने के चेहरे
आगे तू बढ़ जा।''
किंतु, मैं देखा किया उस मुख को।
गंभीर दृढ़ता की सलवटें वैसी ही,
शब्दों में गुरुता।
वे कह रहे हैं–
''दुनिया न कचरे का ढेर कि जिस पर
दानों को चुगने चढ़ा हुआ कोई भी कुक्कुट
कोई भी मुर्गा
यदि बाँग दे उठे जोरदार
बन जाए मसीहा''
वे कह रहे हैं–

"मिट्टी के लोंदे में किरणीले कण-कण
गुण हैं,
जनता के गुणों से ही संभव
भावी का उद्भव"
गंभीर शब्द वे और आगे बढ़ गए,
जाने क्या कह गए!!
मैं अति उद्विग्न!

एकाएक उठ पड़ा आत्मा का पिंजर
मूर्ति की ठठरी।
नाक पर चश्मा, हाथ में डंडा,
कंधे पर बोरा, बाँह में बच्चा।
आश्चर्य!! अद्भुत! यह शिशु कैसे!!
मुसकरा उस द्युति-पुरुष ने कहा तब—
"मेरे पास चुपचाप सोया हुआ यह था।
सँभालना इसको, सुरक्षित रखना"

मैं कुछ कहने को होता हूँ, इतने में वहाँ पर
कहीं कोई नहीं है, कहीं कोई नहीं है।
और ज्यादा गहरा व और ज्यादा अकेला
अँधेरे का फैलाव!
बालक लिपटा है मेरे इस गले से चुपचाप,
छाती से कंधे से चिपका है नन्हा-सा आकाश
स्पर्श है सुकुमार प्यारभरा कोमल,
किंतु, है भार का गंभीर अनुभव।
भावी की गंध और दूरियाँ अँधेरी,
आकाशी तारों को साथ लिए हुए मैं
चला जा रहा हूँ
घुसता ही जाता हूँ फासलों की खोहों की तहों में।

सहसा रो उठा कंधे पर वह शिशु
अरे, अरे, वह स्वर अतिशय परिचित ! !
पहले भी कई बार कहीं तो भी सुना था,
उसमें तो स्फोटक क्षोभ का आवेग,
गहरी है शिकायत ।
क्रोध भयंकर ।
मुझे डर, यदि कोई वह स्वर सुन ले ।
हम दोनों फिर कहीं नहीं रह सकेंगे ।
मैं पुचकारता हूँ, बहुत दुलारता;
समझाने के लिए तब गाता हूँ गाने,
अधभूली लोरी ही होंठों से फूटती !
मैं चुप करने की जितनी भी करता हूँ कोशिश
और-और चीखता है क्रोध से लगातार ! !
गीले-गीले अंगार टपकते हैं मुझ पर ।

किंतु, न जाने क्यों बहुत प्रसन्न हूँ ।
(जिसको न मैं इस जीवन में कर पाया,
वह कर रहा है)
मैं शिशु-पीठ को थपथपा रहा हूँ,
आत्मा है गीली ।
पैर आगे बढ़ रहे, मन आगे जा रहा ।

डूबता हूँ मैं किसी भीतरी सोच में…
हृदय की थाह में रक्त का तालाब,
रक्त में डूबी हैं द्युतिमान मणियाँ,
रुधिर से फूट रहीं लाल-लाल किरणें,
अनुभव रक्त में डूबे हैं संकल्प,
और ये संकल्प
चलते हैं साथ-साथ
अँधियारी गलियों में चला जा रहा हूँ ।

इतने में पाता हूँ अँधेरे में सहसा
कंधे पर कुछ नहीं ! ! वह शिशु
चला गया जाने कहाँ,
और अब उसके ही स्थान पर
मात्र हैं सूरजमुखी फूल-गुच्छे ।
उन स्वर्ण-पुष्पों से प्रकाश-विकीरण
कंधों पर, सिर पर, गालों पर, तन पर,
रास्ते पर, फैले हैं किरणों के कण-कण ।
भई वाह, यह खूब ! !
इतने में गली एक आ गई और मैं
दरवाजा खुला हुआ देखता ।
ज़ीना है अँधेरा ।
कहीं कोई ढिबरी-सी टिमटिमा रही है ।
मैं बढ़ रहा हूँ
कंधों पर फूलों के लंबे वे गुच्छे
क्या हुए, कहाँ गए ?
कंधे क्यों वजन से दुख रहे सहसा ।
ओ हो ! !
बंदूक आ गई
वाह वा ! !
वजनदार रायफ़ल
भई खूब ! !

खुला-खुला कमरा है साँवली हवा है,
झाँकते हैं खिड़की से, अँधेरे में टँके हुए सितारे
फैली है बर्फीली साँस-सी, वीरान
तितर-बितर सब फैला है सामान ।
बीच में ही कोई जमीन पर पसरा,
फैलाए बाँहें, ढह पड़ा आखिर ।
मैं देह के चेहरे पर फैलाता टॉर्च कि यह क्या–

खूनभरे बाल में उलझा है माथा,
भौंहों के बीच में गोली का सूराख,
खून का परदा-सा गालों पर फैला,
होंठों पर सूखी है कत्थई धारा,
फूटा है चश्मा, नाक है सीधी,
ओफ्फो ! एकांत-प्रिय यह मेरा
परिचित व्यक्ति है, वही, हाँ,
सचाई थी सिर्फ एक अहसास
वह कलाकार था
गलियों के अँधेरे का, हृदय में भार था
पर, कार्य-क्षमता से वंचित व्यक्तित्व
चलाता था अपना असंग अस्तित्व ।
सुकुमार मानवीय हृदयों के अपने
शुचितर विश्व के मात्र थे सपने ।
स्वप्न व ज्ञान व जीवनानुभव जो
हलचल करता था रह-रह दिल में,
किसी को भी दे नहीं पाया था वह तो ।
शून्य के जल में डूब गया नीरव
हो नहीं पाया उपयोग उसका ।
किंतु न जाने किस झोंक में क्या कर गुजरा कि
संदेहास्पद समझा गया और
मारा गया वह बधिकों के हाथों ।
मुक्ति का इच्छुक तृषार्त्त अंतर
मुक्ति के यत्नों के साथ निरंतर
सबका था प्यारा,
अपने में द्युतिमान ।
उसका यों वध हुआ,
मर गया एक युग,
मर गया एक जीवनादर्श ! !
इतने में मुझको ही चिढ़ाता कोई ।

सवाल है—मैं क्या करता था अब तक,
भागता फिरता था सब ओर।
(फजूल है इस वक्त कोसना खुद को)
एकदम जरूरी—दोस्तों को खोजूँ
पाऊँ मैं नए-नए सहचर
सकर्मक सत्-चित्-वेदना-भास्वर!!

ज़ीने से उतरा,
एकाएक विद्रूप रूपों से घिर गया सहसा,
पकड़ मशीन-सी,
भयानक आकार घेरते हैं मुझको,
मैं आततायी सत्ता के सम्मुख।

एकाएक हृदय धड़ककर रुक गया, क्या हुआ!!
भयानक सनसनी।
पकड़कर कॉलर गला दबाया गया।
चाँटे से कनपटी टूटी कि यह क्या
त्वचा उखड़ गई गाल की पूरी।
कान में भर गई
भयानक अनहद-नाद की भन-भन।
आँखों में तैरीं
रक्तिम तितलियाँ, चिनगियाँ नीली।
सामने उगते-डूबते धुँधले
कुंहरिल वर्तुल,
जिनका कि चक्रिल केंद्र ही फैलता जाता
उस फैलाव में दीखते मुझको
धँस रहे, गिर रहे बड़े-बड़े टॉवर
घुँघराला धुआँ गेरुई ज्वाला।
हृदय में भगदड़—
सम्मुख दीखा

उजाड़ बंजर टीले पर सहसा
रो उठा कोई, रो रहा कोई
भागता कोई सहायता देने।
(अंतर्तत्त्वों का पुनर्प्रबंध और पुनर्व्यवस्था
पुनर्गठन-सा होता जा रहा)

दृश्य ही बदला, चित्र बदल गया
जबरन ले जाया गया मैं गहरे
अँधियारे कमरे के स्याह सिफ़र में।
टूटे-से स्टूल पर बिठाया गया हूँ।
शीश की हड्डी जा रही तोड़ी।
लोहे की कील पर बड़े हथौड़े
पड़ रहे लगातार।
शीशे का मोटा अस्थि-कवच ही निकाल डाला।
देखा जा रहा—
मस्तक यंत्र में कौन-से विचारों की कौन-सी ऊर्जा,
कौन-सी शिरा में कौन-सी धक्धक,
कौन-सी रग में कौन-सी फुरफुरी,
कहाँ है पश्यंत् -कैमरा जिसमें
तथ्यों के जीवन-दृश्य उतरते,
कहाँ-कहाँ सच्चे सपनों के आशय
कहाँ-कहाँ क्षोभक-स्फोटक सामान!
भीतर कहीं पर गड़े हुए गहरे
तलघर अंदर
छुपे हुए छापाखाने को खोजो।
जहाँ कि चुपचाप ख़यालों के पर्चे
छपते रहते हैं (बाँटे जाते)
इस संस्था के मंत्री को खोजो
शायद, उसका ही नाम हो आस्था,
कहाँ है सरगना इस टुकड़ी का

कहाँ है आत्मा ?
(और, मैं सुनता हूँ चिढ़ी हुई ऊँची
खिझलाई आवाज़)
स्क्रीनिंग करो ··· मिस्टर गुप्ता,
क्रास एक्ज़ामिन हिम थॉरोली ! !

चाबुक-चमकार
पीठ पर यद्यपि
उखड़े चर्म की कत्थई-रक्तिम रेखाएँ उभरीं
पर, यह आत्मा कुशल बहुत है,
देह में रंग रही संवेदना के
झनझन तारों को जबरन
समेटकर सब वह
वेदना-विस्तार करके इकट्ठा
मेरा मन यह, जोर लगाकर,
बलात् उनकी छोटी-सी कड्ढी
गठान बाँधता सख़्त व मज़बूत
मानो कि पत्थर ।
जोर लगाकर,
उसी गठान को हथेलियों से
करता है चूर-चूर,
धूल में बिखरा देता है उसको ।
मन यह हटता है देह की हद से
जाता है कहीं पर अलग जगत् में ।
विचित्र क्षण है,
सिर्फ़ हूँ जादू
मात्र मैं बिजली
यद्यपि खोह में खूँटे से बँधा हूँ,
दैत्य हैं आस-पास
किंतु मैं बहुत दूर मीलों के पार वहाँ

गिरता हूँ चुपचाप पत्र के रूप में
किसी एक जेब में
वह जेब ...
किसी एक फटे हुए मन की ।

समस्वर, समताल,
सहानुभूति की सनसनी कोमल !!
हम कहाँ नहीं हैं,
सभी जगह हम ।
निजता हमारी !
भीतर-भीतर बिजली के जीवित
तारों के जाले,
ज्वलंत तारों की भीषण गुत्थी,
बाहर-बाहर धूल-सी भूरी
ज़मीन की पपड़ी ।
अग्नि को लेकर, मस्तक हिमवत्;
उग्र प्रभंजन लेकर, उर यह
बिलकुल निश्चल ।
भीषण शक्ति को धारण करके
आत्मा की पोशाक दीन व मैली ।
विचित्र रूपों को धारण करके
चलता है जीवन, लक्ष्यों के पथ पर ।
रिहा !!
छोड़ दिया गया !!
अब छाया-मुख कई करते हैं पीछा,
श्यामाकार न छोड़ते हैं मुझको,
जहाँ गया, जहाँ रुका, जहाँ जला, वहाँ पर
भौंहों के नीचे के रहस्यमय छेद
मारते हैं संगीन—
दृष्टि की पत्थरी चमक है पैनी ।

मुझे अब खोजने होंगे साथी–
काले गुलाब व स्याह सिवंती,
श्याम चमेली,
सँवलाए कमल जो खोहों के जल में,
भूमि के भीतर पाताल तल में
खिले हुए कब से भेजते हैं संकेत
सुझाव-संदेश भेजते रहते!!

इतने में सहसा दूर क्षितिज पर
दीखते हैं मुझको
बिजली की नंगी लताओं से झर रहे
सफेद नीले मोतिया चंपई फूल गुलाबी;
उठते हैं वहीं पर हाथ अकस्मात्
अग्नि के फूलों को समेटने लगते।
मैं उन्हें देखने लगता हूँ एकटक;
अचानक विचित्र स्फूर्ति से मैं भी
ज़मीन पर पड़े हुए चमकीले पत्थर
लगातार चुनकर
बिजली के फूल बनाने की कोशिश
करता हूँ। रश्मि-विकीरण–
मेरे भी प्रस्तर करते हैं प्रतिक्षण।
तेजस्क्रिय मणि-रत्न रत्न हैं ये भी।
बिजली के फूलों की भाँति ही
यत्न हैं वे भी,
किंतु, असंतोष मुझको है गहरा,
शब्दाभिव्यक्ति–अभाव का संकेत।
काव्य-चमत्कार उतना ही रंगीन
परंतु, ठंडा।
मेरे भी फूल हैं तेजस्क्रिय, पर
अतिशय शीतल।

मुझको तो बेचैन बिजली की नीली
ज्वलंत बाँहों में बाँहों को उलझा
करनी है उतनी ही प्रदीप्त लीला
आकाश-भर में साथ-साथ उसके घूमना है मुझको
मेरे पास न रंग है बिजली का गौर कि
भीमाकार हूँ मेघ मैं काला
परंतु, मुझमें है गंभीर आवेश
अथाह प्रेरणा-स्रोत का संयम।
अरे, इन रंगीन पत्थर-फूलों से मेरा
काम नहीं चलेगा!!
क्या कहूँ,
मस्तक-कुंड में जलती
सत्-चित्-वेदना—सचाई व ग़लती—
मस्तक-शिराओं में तनाव दिन-रात।

अब अभिव्यक्ति के सारे ख़तरे
उठाने ही होंगे।
तोड़ने होंगे ही मठ और गढ़ सब।
पहुँचना होगा दुर्गम पहाड़ों के उस पार
तब कहीं देखने मिलेंगी हमको
नीली झील की लहरीली थाहें
जिसमें कि प्रतिपल काँपता रहता
अरुण कमल एक,
धँसना ही होगा
झील के हिम-शीत सुनील जल में।
जादुई झील को करनी ही होगी मेरी प्रतीक्षा।

7

चाँद उग आया है
गलियों की आकाशी लंबी-सी चीर में

तिरछी है किरणों की मार
उस नीम पर
जिसके कि नीचे
मिट्टी के गोल चबूतरे पर, नीली
चाँदनी में कोई दिया सुनहला
जलता है मानो कि स्वप्न ही साक्षात्।
मकानों के बड़े-बड़े खँडहर जिनके सूने
मटियाले भागों में खिलती ही रहती
महकती रातरानी फूलभरी जवानी में लज्जित
तारों की टकटकी अच्छी न लगती।

भागता मैं दम छोड़,
घूम गया कई मोड़,
टूटी हुई भीतों के उस पार कहीं पर
बहस गरम है
दिमाग में जान है, दिलों में दम है
सत्य से सत्ता के युद्ध का रंग है,
पर, कमज़ोरियाँ सब मेरे संग हैं;
पाता हूँ सहसा–
अँधेरे की सुरंग-गलियों में चुपचाप
चलते हैं लोग-बाग
दृढ़-पद गंभीर,
बालक युवागण
मंद-गति नीरव
किसी निज भीतरी बात में व्यस्त हैं,
कोई आग जल रही कहीं तो भी अंतस्थ।

विचित्र अनुभव!!
जितना मैं लोगों की पाँतों को पारकर
बढ़ता हूँ आगे,

उतना ही पीछे मैं रहता हूँ अकेला,
पश्चात-पद हूँ।
पर, एक रेला और
पीछे से चला और
अब मेरे साथ है!
आश्चर्य!! अद्‌भुत!!
लोगों की मुट्ठियाँ बँधी है।
उँगली-संधि से फूट रहीं किरनें
लाल-लाल,
यह क्या!!
मेरे ही विक्षोभ-मणियों को लिए वे,
मेरे ही विवेक-रत्नों को लेकर,
बढ़ रहे लोग अँधेरे में सोत्साह।
किंतु मैं अकेला
बौद्धिक जुगालों में अपने से दुकेला।

गलियों के अँधेरे में मैं भाग रहा हूँ;
इतने में चुपचाप कोई एक
दे जाता पर्चा,
कोई गुप्त शक्ति
हृदय में चुपचाप करती है चर्चा!!
मैं बहुत ध्यान से पढ़ता हूँ उसको।
आश्चर्य!
उसमें तो मेरे ही गुप्त विचार व
दबी हुई संवेदनाएँ व अनुभव
पीड़ाएँ जगमगा रही हैं।
यह सब क्या है!!

आसमान झाँकता है उन स्याह लकीरों के बीच-बीच
वाक्यों की पाँतों में आकाश-गंगा-सी फैली

शब्दों के व्यूहों में झिलमिल नक्षत्र
और उन तारक दलों में तो खिलता है आँगन
जिसमें कि चंपा के फूल चमकते
और उन पुष्पों के अंतस्तल में
प्राण-समस्या का कोई हल है।

पर्चा पढ़ते हुए उड़ता हूँ हवा में,
चक्रवात-गतियों में घूमता हूँ नभ-भर,
ज़मीन पर एक साथ
सर्वत्र सचेत उपस्थित।
प्रत्येक स्थान पर लगा हूँ मैं काम में,
प्रत्येक चौराहे, दुराहे व राहों के मोड़ पर
सड़क पर खड़ा हूँ,
मनाता हूँ, मानता हूँ, मनवाता अड़ा हूँ!!

और तब दिक्काल-दूरियाँ
अपने ही देश के नक़्शे-सी टँगी हुई
रँगी हुई लगतीं!!
स्वप्नों की कोमल किरनों का पानी
घनीभूत संघनित द्युतिमान
शिलाओं में परिणत,
ये सब दृढ़ीभूत कर्म-शिलाएँ हैं
जिनसे कि स्वप्नों की मूर्ति बनेगी
सस्मित सुखकर
जिसमें से उद्गत क्रियाशील किरनें
ब्रह्मांड-भर में नापेंगी सबकुछ!
सचमुच, मुझको तो ज़िंदगी-सरहद
सूर्यों के प्रांगण पार भी जाती-सी दीखती!!
मैं परिणत हूँ,
कविता में कहने की आदत नहीं, पर कह दूँ

वर्तमान समाज चल नहीं सकता।
पूँजी से जुड़ा हुआ हृदय बदल नहीं सकता,
स्वातंत्र्य व्यक्ति का वादी
छल नहीं सकता मुक्ति के मन को,
जन को।

8

एकाएक हृदय धड़ककर रुक गया, क्या हुआ!!
नगर से भयानक धुआँ उठ रहा है,
कहीं आग लग गई, कहीं गोली चल गई।
सड़कों पर मरा हुआ, फैला है सुनसान,
हवाओं में अदृश्य ज्वाला की गरमी
गरमी का आवेश!
साथ-साथ घूमते हैं, साथ-साथ रहते हैं,
साथ-साथ सोते हैं, खाते हैं, पीते हैं
जन-जन-उद्देश्य!!
पथरीले चेहरों की ख़ाकी ये कसी ड्रैस
घूमते है यंत्रवत्,
बेपहचाने-से लगते हैं वाक़ई
कहीं आग लग गई, कहीं गोली चल गई!!

सब चुप, साहित्यिक चुप और कविजन निर्वाक्
चिंतक, शिल्पकार, नर्तक चुप हैं;
उनके खयाल से यह सब गप है
मात्र किंवदंती।
रक्तपायी वर्ग से नाभिनाल-बुद्ध ये सब लोग
नपुंसक भोग-शिरा-जालों में उलझे,
प्रश्न की उथली-सी पहचान
राह से अनजान
वाक् रुदंती।

चढ़ गया उर पर कहीं कोई निर्दयी,
कहीं अग लग गई, कहीं गोली चल गई।

भव्याकार भवनों के विवरों में छिप गए
समाचार-पत्रों के पतियों के मुख स्थूल।
गढ़े जाते संवाद,
गढ़ी जाती समीक्षा,
गढ़ी जाती टिप्पणी जन-जन-उर-शूल।
बौद्धिक वर्ग है क्रीतदास,
किराए के विचारों का उद्भास।
बड़े-बड़े चेहरों पर स्याहियाँ पुत गईं।
नपुंसक श्रद्धा
सड़क के नीचे की गटर में छिप गई,
कहीं आग लग गई, कहीं गोली चल गई।

धुएँ के ज़हरीले मेघों के नीचे ही हर बार
द्रुत निज विश्लेष-गतियाँ,
एक सूक्ष्म पल में शत साक्षात्कार।
टूटते हैं धोखों से भरे हुए सपने।
रक्त में बहती हैं ज्ञान की किरनें
विश्व की मूर्ति की आत्मा ही ढल गई,
कहीं आग लग गई, कहीं गोली चल गई।

राह के पत्थर-ढोकों के अंदर
पहाड़ों के झरने
तड़पने लग गए।
मिट्टी के लोंदे के भीतर
भक्ति की अग्नि का उद्रेक
भड़कने लग गया।
धूल के कण में

अनहद नाद का कंपन
ख़तरनाक!!
मकानों की छत से
गाडर कूद पड़े
धम-से!
घूम उठे खंभे
भयानक वेग से चल पड़े हवा में।
दादा का सोंटा भी करता है दाँव-पेंच,
गगन में नाच रही कक्का की लाठी।
यहाँ तक कि बच्चे की पेमें भी उड़तीं,
तेज़ी से लहराती घूमती
मुन्ने की सलेट-पट्टी।
एक-एक वस्तु या एक-एक प्राणाग्नि-बम है,
ये परमास्त्र हैं, प्रक्षेपास्त्र हैं, यम हैं।
शून्याकाश में से होते हुए वे
अरे, अरि पर ही टूट पड़े अनिवार।
यह कथा नहीं है, यह सब सच है, हाँ भई!!
कहीं आग लग गई, कहीं गोली चल गई!!

किसी एक बलवान तम-श्याम लुहार ने बनाया
कंडों का वर्तुल ज्वलंत मंडल।
स्वर्णिम कमलों की पाँखुरी-जैसी ही
ज्वालाएँ उठती हैं उससे,
और उस गोल-गोल ज्वलंत रेखा में रक्खा
लोहे का चक्का
चिनगियाँ स्वर्णिम नीली व लाल-लाल
फूलों-सी खिलतीं।
कुछ बलवान जन साँवले मुख के
चढ़ा रहे लकड़ी के चक्के पर जबरन
लाल-लाल लोहे की गोल-गोल पट्टी

घन मार घन मार,
उसी प्रकार अब
आत्मा के चक्के पर चढ़ाया जा रहा
संकल्प-शक्ति के लोहे का मजबूत
ज्वलंत टायर!!
अब युग बदला है वाक़ई,
कहीं आग लग गई, कहीं गोली चल गई।

गेरुआ मौसम, उड़ते हैं अंगार,
जंगल जल रहे ज़िंदगी के अब
जिनके कि ज्वलंत प्रकाशित भीषण
कूलों से बहतीं वेदना नदियाँ
जिनके कि जल में
सचेत होकर सैकड़ों सदियाँ ज्वलंत अपने
बिंब प्रसारित करती हैं प्रतिपल।
वेदना-नदियाँ
जिनमें कि डूबे हैं, युगानुयुग से
पिताओं की चिंता का उद्विग्न रंग भी
विवेक-पीड़ा की गहराई बेचैन,
डूबा है जिसमें श्रमिक का संताप।
माँओं के आँसू।
वह जल पीकर,
मेरे युवकों में व्यक्तित्वांतर,
विभिन्न क्षेत्रों में कई तरह से करते हैं संगर,
मानो कि ज्वाला-पंखुरी-दल में घिरे हुए वे सब
अग्नि-कमल के केंद्र में बैठे।
द्रुत-वेग बहती हैं शक्तियाँ निश्चयी।
कहीं आग लग गई,
कहीं गोली चल गई!!

× × ×

एकाएक फिर स्वप्न-भंग
बिखर गए चित्र कि मैं फिर अकेला।
मस्तिष्क-हृदय में गहरे व बारीक छेदों से भर गए।
पर, उन रंध्रों के दुखों में गहरा
प्रदीप्त ज्योति का रस बस गया है।
मैं उन सपनों का खोजता हूँ आशय,
अर्थों की वेदना घिरती है मन में।
अजीब झमेला।
घूमता है मन उन भावों के घावों के आस-पास
आत्मा में चमकीली प्यास भर गई है।
जग भर दीखती हैं सुनहली तसवीरें मुझको
मानो कि कल रात किसी अनपेक्षित क्षण में ही सहसा
प्रेम कर लिया हो मनोहर मुख से
जीवन भर के लिए!!
मानो कि उस क्षण
अतिशय मृदु किन्हीं बाँहों ने आकर
कस लिया था मुझको
उस स्वप्न-स्पर्श की, चुंबन-घटना की याद आ रही है,
याद आ रही है!!
अज्ञात प्रणयिनी कौन थी, कौन थी?

कमरे में सुबह की धूप आ गई है,
गैलरी में फैला है सुनहला रवि-छोर
क्या कोई प्रेमिका सचमुच मिलेगी?
हाय! यह वेदना स्नेह की गहरी
जाग गई क्योंकर?

सब ओर विद्युत्तरंगीय हलचल
चुंबकीय आकर्षण।

प्रत्येक वस्तु का निज-निज आलोक,
मानो कि अलग-अलग फूलों के रंगीन
अलग-अलग वातावरण हैं बेमाप,
प्रत्येक अर्थ की छाया में दूसरा, आशय
झिलमिला रहा-सा
डेस्क पर रखे हुए महान् ग्रंथों के लेखक
मेरी इन मानसिक क्रियाओं के बन गए प्रेक्षक,
मेरे इस कमरे में आकाश उतरा,
मन यह गगन की वायु में सिहरा।
उठता हूँ, जाता हूँ, गैलरी में खड़ा हूँ।
एकाएक वह व्यक्ति···
सामने
गलियों में, सड़कों पर, लोगों की भीड़ में
चला जा रहा है।
वही जन जिसे मैंने देखा था गुहा में।
धड़कता है दिल
कि पुकारने को खुलता है मुँह
कि अकस्मात्···
वह दिखा, वह दिखा
वह फिर खो गया किसी जन-यूथ में···
उठी हुई बाँह यह उठी हुई रह गई!!

अन-खोजी निज समृद्धि का वह परम उत्कर्ष,
परम अभिव्यक्ति···
मैं उसका शिष्य हूँ
वह मेरी गुरु है,
गुरु है!!

वह मेरे पास कभी बैठा ही नहीं था,
वह मेरे पास कभी आया ही नहीं था,

तिलिस्मी खोह में देखा था एक बार,
आख़िरी बार ही!
पर, वह जगत् की गलियों में घूमता है प्रतिपल
वह फटे-हाल रूप।
विद्युल्लहरिल वही गतिमयता,
उद्विग्न ज्ञान-तनाव वह
सकर्मक प्रेम की वह अतिशंयता
वही फटे-हाल रूप!!
परम अभिव्यक्ति
अविरत घूमती है जग में
पता नहीं जाने कहाँ, जाने कहाँ
वह है।
इसीलिए मैं हर गली में
और हर सड़क पर
झाँक-झाँक देखता हूँ हर एक चेहरा,
प्रत्येक गतिविधि,
प्रत्येक चरित्र,
व हर एक आत्मा का इतिहास,
हर एक देश व राजनीतिक स्थिति और परिवेश
प्रत्येक मानवीय स्वानुभूत आदर्श
विवेक-प्रक्रिया[1], क्रियागत परिणति!!
खोजता हूँ पठार...पहाड़...समुंदर
जहाँ मिल सके मुझे
मेरी वह खोई हुई
परम अभिव्यक्ति अनिवार
आत्म-संभवा।

लकड़ी का रावण

दीखता
त्रिकोण इस पर्वत-शिखर से
अनाम, अरूप और अनाकार
असीम एक कुहरा,
भस्मीला अंधकार
फैला है कटे-पिटे पहाड़ी प्रसारों पर;
लटकती हैं मटमैली
ऊँची-ऊँची लहरें
मैदानों पर सभी ओर

लेकिन उस कुहरे से बहुत दूर
ऊपर उठ
पर्वतीय ऊर्ध्वमुखी नोक एक
मुक्त और समुत्तुंग!!

उस शैल-शिखर पर
खड़ा हुआ दीखता है एक द्यौः पिता भव्य
निःसंग
ध्यान-मग्न ब्रह्म...
मैं ही वह विराट् पुरुष हूँ
सर्व-तंत्र, स्वतंत्र, सत्-चित्!
मेरे इन अनाकार कंधों पर विराजमान
खड़ा है सुनील
शून्य
रवि-चंद्र-तारा-द्युति-मंडलों के परे तक।

दोनों हम
अर्थात्
मैं व शून्य
देख रहे···दूर···दूर···दूर तक
फैला हुआ
मटमैली जड़ीभूत परतों का
लहरीला कंबल ओर-छोर-हीन
रहा ढाँक
कंदरा-गुहाओं को, तालों को
वृक्षों के मैदानी दृश्यों के प्रसार को

अकस्मात्
दोनों हम
मैं व शून्य
देखते कि कंबल की कुहरीली लहरें
हिल रहीं, मुड़ रहीं ! !
क्या यह सच,
कंबल के भीतर है कोई जो
करवट बदलता-सा लग रहा ?
आंदोलन ?
नहीं, नहीं, मेरी ही आँखों का भ्रम है
फिर भी उस आर-पार फैले हुए
कुहरे में लहरीला असंयम ! !
हाय ! हाय !

क्या है यह ! ! मेरी ही गहरी उसाँस में
कौन-सा है नया भाव ?
क्रमशः
कुहरे की लहरीली सलवटें
मुड़ रहीं, जुड़ रहीं,

आपस में गुँथ रहीं ! !
क्या है यह ! !
यह क्या मज़ाक़ है,
अरूप अनाम इस
कुहरे की लहरों से अगनित
कई आकृति-रूप
बन रहे, बनते-से दीखते ! !
कुहरीले भाफ-भरे चेहरे
अशंक, असंख्य व उग्र···
अजीब है,
अजीबोग़रीब है
घटना का मोड़ ग्रह ।

अचानक
भीतर के अपने से गिरा कुछ,
खसा कुछ;
नसें ढीली पड़ रहीं
कमजोरी बढ़ रही; सहसा
आतंकित हम सब
अभी तक
समुत्तुंग शिखरों पर रहकर
सुरक्षित हम थे
जीवन की प्रकाशित कीर्ति के क्रम थे,
अहं-हुंकृति के ही···यम-नियम थे,
अब क्या हुआ यह
दुःसह ! !
सामने हमारे
घनीभूत कुहरे के लक्ष-मुख
लक्ष-वक्ष, शत-लक्ष-बाहु ये रूप, अरे
लगते हैं घोरतर ।

जी नहीं,
वे सिर्फ़ कुहरा ही नहीं हैं,
काले-काले पत्थर
व काले-काले लोहे के लगते हैं वे लोग।
हाय, हाय, कुहरे की घनीभूत प्रतिमा या
भरमाया मेरा मन,
उनके वे स्थूल हाथ
मनमाने बलशाली
लगते हैं खतरनाक;
जाने-पहचाने-से लगते हैं मुख वे।

डरता हूँ,
उनमें से कोई, हाय
सहसा न चढ़ जाए
उत्तुंग शिखर की सर्वोच्च स्थिति पर,
पत्थर व लोहे के रंग का यह कुहरा!

बढ़ न जाएँ,
छा न जाएँ
मेरी इस अद्वितीय
सत्ता के शिखरों पर स्वर्णाभ,
हमला न कर बैठें ख़तरनाक
कुहरे के जनतंत्री
वानर ये, नर ये!!
समुदाय, भीड़
डार्क मासेज़ ये मॉब हैं,
श्यामवर्ण मूढ़ों के दिमाग़ ख़राब हैं,
हलचलें गड़बड़,
नीचे थे जब तक

फ़ासलों में खोए हुए कहीं दूर, पार थे;
कुहरे के घने-घने श्याम प्रसार थे।
अब ये लंगूर हैं
हाय हाय
शिखरस्थ मुझको ये छू न जाएँ!!

आसमानी शमशीरो, बिजलियो,
मेरी इन भुजाओं में बन जाओ
ब्रह्म-शक्ति!
पुच्छल ताराओ,
टूट पड़ो बरसो
कुहरे के रंगवाले वानरों के चेहरे
विकृत, असभ्य और भ्रष्ट हैं...
प्रहार करो उन पर,
कर डालो संहार!!

अरे, अरे!
नभचुंबी शिखरों पर हमारे
बढ़ते ही जा रहे
जा रहे चढ़ते
हाय, हाय,
सब ओर घिरा हूँ।

सब तरफ़ अकेला,
शिखर पर खड़ा हूँ
लक्ष-मुख दानव-सा, लक्ष-हस्त देव-सा।
परंतु, यह क्या
आत्म-प्रतीति भी धोखा ही दे रही!!
स्वयं को ही लगता हूँ
बाँस के व कागज़ के पुट्ठे के बने हुए

महाकाय रावण-सा हास्यास्पद
भयंकर ! !

हाय, हाय,
उग्रतर हो रहा चेहरों का समुदाय
और कि भाग नहीं पाता मैं
हिल नहीं पाता हूँ
मैं मंत्र-कीलित-सा, भूमि में गड़ा-सा,
जड़ खड़ा हूँ
अब गिरा, तब गिरा
इसी पल कि उस पल…

भूल-ग़लती

भूल-ग़लती
आज बैठी है ज़िरहबख़्तर पहनकर
तख़्त पर दिल के;
चमकते हैं खड़े हथियार उसके दूर तक,
आँखें चिलकती हैं नुकीले तेज़ पत्थर-सी;
खड़ी हैं सिर झुकाए
        सब क़तारें
                बेजुबाँ बेबस सलाम में,
अनगिनत खंभों व मेहराबों-थमे
                        दरबारे-आम में।

सामने
बेचैन घावों की अजब तिरछी लकीरों से कटा
चेहरा
कि जिस पर काँप
दिल की भाफ उठती है···
पहने हथकड़ी वह एक ऊँचा क़द,
समूचे जिस्म पर लत्तर,
झलकते लाल लंबे दाग़
बहते ख़ून के।
वह क़ैद कर लाया गया ईमान···
सुलतानी निगाहों में निगाहें डालता,
बेख़ौफ़ नीली बिजलियों को फेंकता
ख़ामोश!!

सब ख़ामोश

मन्सबदार,
शायर और सूफ़ी,
अलग़ज़ाली, इब्ने सिन्ना, अलबरूनी,
आलिमो फ़ाज़िल सिपहसालार, सब सरदार
हैं ख़मोश!!
नामंज़ूर,
उसको जिंदगी की शर्म की-सी शर्त
नामंज़ूर,
हठ इनकार का सिर तान···ख़ुद-मुख़तार।
कोई सोचता उस वक़्त—
छाए जा रहे हैं सल्तनत पर घने साए स्याह,
सुलतानी ज़िरहबख़्तर बना है सिर्फ़ मिट्टी का,
वो—रेत का-सा ढेर—शाहंशाह,
शाही धाक का अब सिर्फ़ सन्नाटा!!
(लेकिन, ना,
जमाना साँप का काटा)

भूल (आलमगीर)
मेरी आपकी कमज़ोरियों के स्याह
लोहे का ज़िरहबख़्तर पहन, ख़ूँख़्वार
हाँ, ख़ूँख़्वार आलीजाह;
वो आँखें सचाई की निकाले डालता,
सब बस्तियाँ दिल की उजाड़े डालता,
करता, हमें वह घेर,
बेबुनियाद, बेसिर-पैर···
हम सब क़ैद हैं उसके चमकते ताम-झाम मे
शाही मुक़ाम में!!

इतने में, हमीं में से
अजीब कराह-सा कोई निकल भागा,
भरे दरबारे-आम में मैं भी
सँभल जागा!!
क़तारों में खड़े ख़ुदग़र्ज बा-हथियार
बख़्तरबंद समझौते
सहमकर, रह गए;
दिल में अलग जबड़ा, अलग दाढ़ी लिए,
दमुँहेपने के सौ तज़ुर्बों की बुज़ुर्गी से भरे,
दढ़ियल सिपहसालार संजीदा
सहमकर रह गए!!

लेकिन, उधर उस ओर,
कोई, बुर्ज़ के उस तरफ़ जा पहुँचा,
अँधेरी घाटियों के गोल टीलों, घने पेड़ों में
कहीं पर खो गया,
महसूस होता है कि वह बेनाम
बेमालूम दर्रों के इलाक़े में
(सचाई के सुनहले तेज़ अक्सों के धुँधलके में)
मुहैया कर रहा लश्कर;

हमारी हार का बदला चुकाने आएगा
संकल्प-धर्मा चेतना का रक्तप्लावित स्वर,
हमारे ही हृदय का गुप्त स्वर्णाक्षर
प्रकट होकर विकट हो जाएगा ! !

एक आत्म-वक्तव्य

...और, जब
मेरा सिर दुखने लगता है,
धुँधले-धुँधले अकेले में, आलोचनाशील
अपने में से उठे धुएँ की ही चक्करदार
सीढ़ियों पर चढ़ने लगता हूँ।

और हर सीढ़ी पर लुढ़की पड़ी एक-एक देह,
आलोचन-हत मेरे पुराने व्यक्तित्व,
भूतपूर्व, भुगते हुए, अनगिनत 'मैं'।

उनके शवों, अर्ध-शवों पर ही रखकर
निज सर्व-स्पृश पैर,
मेरे साथ चलने लगता भावी-कर-बद्ध
मेरा वर्तमान !

किंतु, पुनः-पुनः
उन्हीं सीढ़ियों पर नए-नए आलोचक-नेत्र,
(तेज़ नाकवाले तमतमाए-से मित्र)
ख़ूब काट-छाँट और गहरी छील-छाल

रंदों और बसूलों से मेरी देखभाल,
मेरा अभिनव संशोधन अविरत
क्रमागत।
अभी तक
सिर में जो तड़फड़ाता रहा ब्रह्मांड,
लड़खड़ाती दुनिया का भूरा मानचित्र
चमकता है दर्दभरे अँधेरे में वह
क्रमागत कांड।
उसमें नए-नए सवालों की झखमार;
थके हुए, गिरते-पड़ते, बढ़ने का दौर;
मार-काट करती हुई सदियों की चीख़;
मुठभेड़ करते हुए स्वार्थों के बीच
भोले-भाले लोगों के माथों पर घाव।
कुचले गए इरादों के बाक़ी बचे धड़
अधकटे पैरों ही से लात मारकर
अपने जैसे दूसरों के लिए
सब करते हैं दरवाजे बंद—
उलटे दिल-दिमाग़ों में ग़ुस्से की धुंध।
अँधियाली गलियों में घूमता है,
तड़के ही, रोज
कोई मौत का पठान
माँगता है ज़िंदगी जीने का ब्याज;
अनजाना क़र्ज़
माँगता है चुकारे में, प्राणों का मांस।
हताहत स्वयं को ही दर्दीली रात—
जोड़-तोड़ करती हुई गहरी काट-छाँट;
रोज नई आफ़त, कोई नई वारदात।
पूरे नहीं हो सके हैं मानवीय योग,
हर-एक के पास अपने-अपने व गुप्त रोग।
(परेशान चिंतकों की दार्शनिक झींख)

उजली-उजली सफ़ेदी में
कोखों की शर्म;
(अधबने समाधानों)
भ्रूणों का, अँधेरे में, क्रमागत जन्म;
सृजन—मात्र उद्‌गार-धर्म!
सत्ताग्रही, अर्थाकांक्षी
शक्ति के कृत्य,
और मेरे प्राणों में
सत्यों के भयानक
केवल व्यंग्य-नृत्य,
व्यंग्य-नृत्य!!

उसी विश्व-यात्रा में, चट्टानों के बीच,
किसी झुकी सँवलाई साँझ
मुझे मिला
(हृदय-प्रकाश-सा) अकेले में
बिजली से जगमगाता घर,
जिसके इर्द-गिर्द
कुछ अँधियाले पेड़
मानो सधे हुए, घने
बहुत घने, बड़े-बड़े दर्द।
अचानक घर में से निकल आया एक
चौड़े माथेवाला, भोला, प्रतिभा का पुत्र
दुबला बाल-मुख!
पहचाना मुझे, और हँस चुपचाप,
मेरे खाली हाथों में रख गया
दीप्तिमान रत्न—
भयानक वीरानों में घूमकर
खोजा था जो सार-सत्य
आत्म-धन

छटपटाती किरनों का पारदर्शी क्वार्ट्ज़,
किरनें कि आलोचनाशील, धारदार
उपादान
जिनकी तेज नोकों से अकस्मात्
मेरी काट-छाँट छील-छाल
लगातार
इसीलिए, मेरी मूर्ति
अनबनी अधबनी अभी तक...

जिसे लिए कहाँ जाऊँ सदा ही का प्रश्न।
अपने इस अधबने-पने का ग़रीब
यह दृश्य
पा न-जाए, सभाओं में, कहीं तिरस्कार,
अर्थहीन समर्थों के द्वारा कहीं वह
निकाला न जाए।
इसीलिए, मुझे प्रिय अपना अंधकार,
गठरी में छिपा रखा निजी रेडियम,
सिर पर, टोकरी में
छिपाया है मैंने कोई यीशु,
अपना कोई शिशु!

परंतु, मैं किसी पेड़-पीछे-से झाँक
लाख-लाख आँखों से देखता हूँ दृश्य
पूरे बने हुओं ही के ठाठदार अक्स,
ऐसा कुछ ठाठ—
मुझे गहरी उचाट,
लगता है वे मेरे राष्ट्र के नहीं हैं।
उचटता ही रहता है दिल,
नहीं ठहरता कहीं,
ज़रा भी।
यही मेरी बुनियादी खराबी।

और, अब नए-नए मेरे मित्रगण
मेरे पीछे आए हुए युवा-बाल-जन,
धरित्री के धन,
खोजता हूँ उनमें ही
छटपटाती हुई मेरी छाँह,
क्या कहीं वहाँ मेरा रूपक-उपमान,
छिपी हुई कहीं कोई गहरी पहचान,
समशील, समधर्मा कहीं कोई है ?

अच्छा है कि अटाले में फेंका गया मैं
एक प्रेमपत्र–
किताबों में डाल, बंद कर दी गई अक्ल,
काली-काली गलियों में
फिरती हुई आदमी की शक्ल,
अच्छा है कि अँधेरे में इलाका-बदर
मैं हूँ जवाबी गदर,
जिससे कि और ज्यादा तैयारियाँ कर
आज नहीं कल फूट पडूँगा जरूर,
जरूर !
असंख्यक इत्यादि-जनों का मैं भाग
इसीलिए, अनदिखे,
सुलगाता धीरे-से आग,
जिसके प्रकाश में, तँबियाये चेहरों पर आप
संवेदित ज्ञान की काँपती सी
उठती है भाफ चुपचाप...
सच्चा है जहाँ असंतोष,
मेरा वहाँ परिपोष ।
वहाँ दिवालों पर टँगते हैं भिन्न मानचित्र,
चिनगियाँ बरसाते
लगातार विचारों के सत्र,

सिर पर उठाते समय भार
परिश्रम करते समय
चाँद उगता है व
पानी में झलमलाने लगता है
हृदय के पानी में।

विचार आते हैं
लिखते समय नहीं,
...पत्थर ढोते वक़्त
पीठ पर उठाते वक़्त बोझ
साँप मारते समय पिछवाड़े
बच्चों की नेकर फचीटते वक़्त!!
पत्थर पहाड़ बन जाते हैं
नक़्शे बनते हैं भौगोलिक
पीठ कच्छप बन जाते हैं
समय पृथ्वी बन जाता है...

बेचैन चील

बेचैन चील!!
उस-जैसा मैं पर्यटनशील
प्यासा-प्यासा,
देखता रहूँगा एक दमकती हुई झील
या पानी का कोरा झाँसा
जिसकी सफ़ेद चिलचिलाहटों में है अजीब
इनकार एक सूना!!

• • •

मेरे पात्र-चरित्रों की
आँखों की अंगारी ज्योति
ललककर पढ़ती है मेरा प्रेम-पत्र !
काँपता है वर्ग-मूल-अर्थ-भरा
त्रैराशिकी कोई स्मित स्निग्ध !
यथार्थों से चला हुआ
स्वर्गों तक पहुँचता है,
गणितों का किरणीला सेतु
पृथ्वी के हेतु !
लेकिन, हाँ, उसी के लिए दिन-रात
नए-नए रंदों और बसूलों से
लगातार लगातार
मेरी काट-छाँट
उनकी छील-छाल अनिवार !
ऐसी उन भयानक क्रियाओं में रम
कटे-पिटे चेहरों के दाग़दार हम
बनाते हैं अपना कोई अलग दिक्-काल,
पृथक् आत्म-देश—
दृष्टि, आवेश !
क्षमा करें, अन्य-मति
अन्य-मुख मेरे परिजन !!

विचार आते हैं

विचार आते हैं—
लिखते समय नहीं,
बोझ ढोते वक़्त पीठ पर